本日の高座

演芸写真家が見つめる現在と未来

橘 蓮二

講談社

本日の高座

演芸写真家が見つめる現在と未来

目次

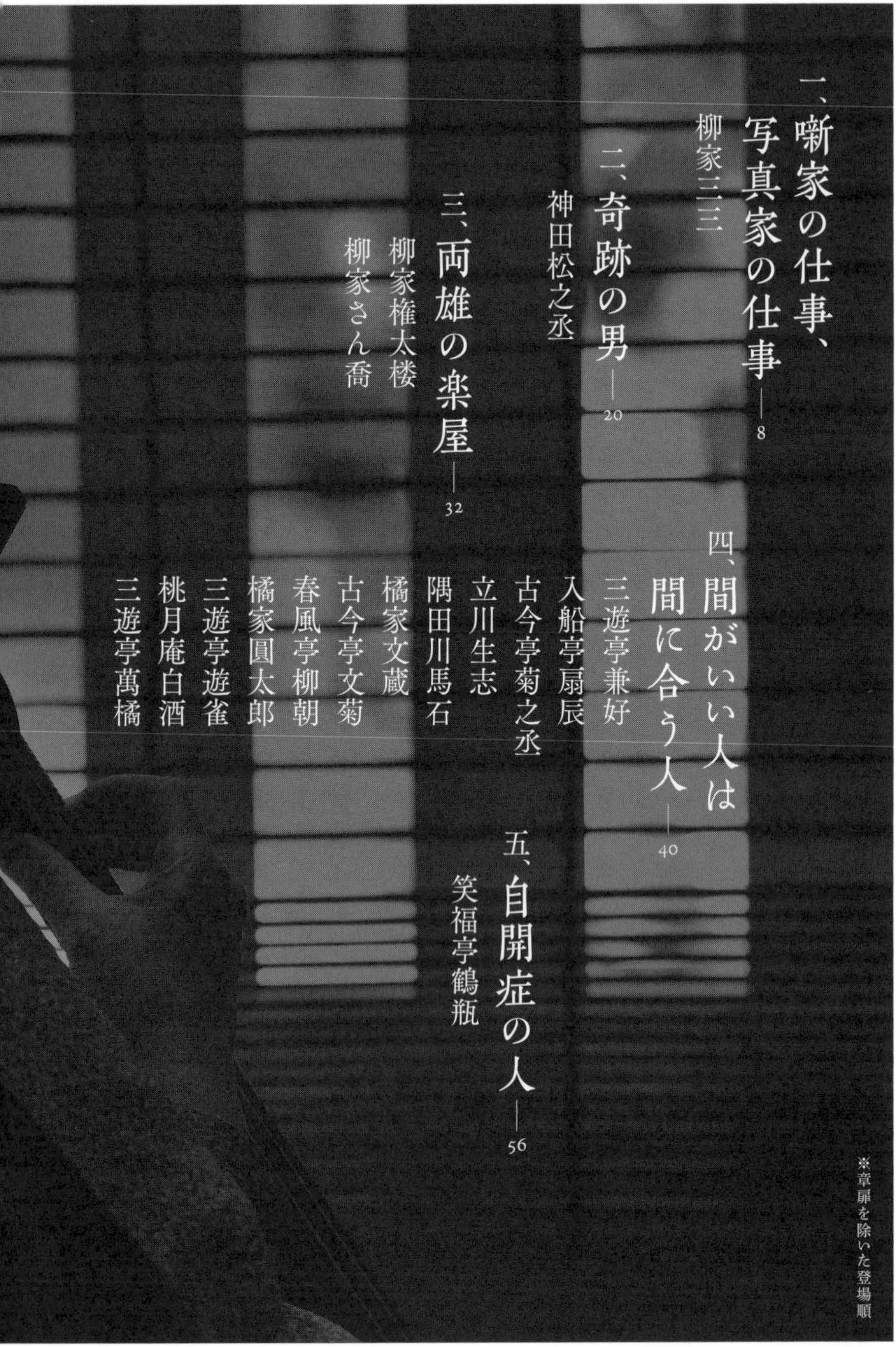

※章扉を除いた登場順

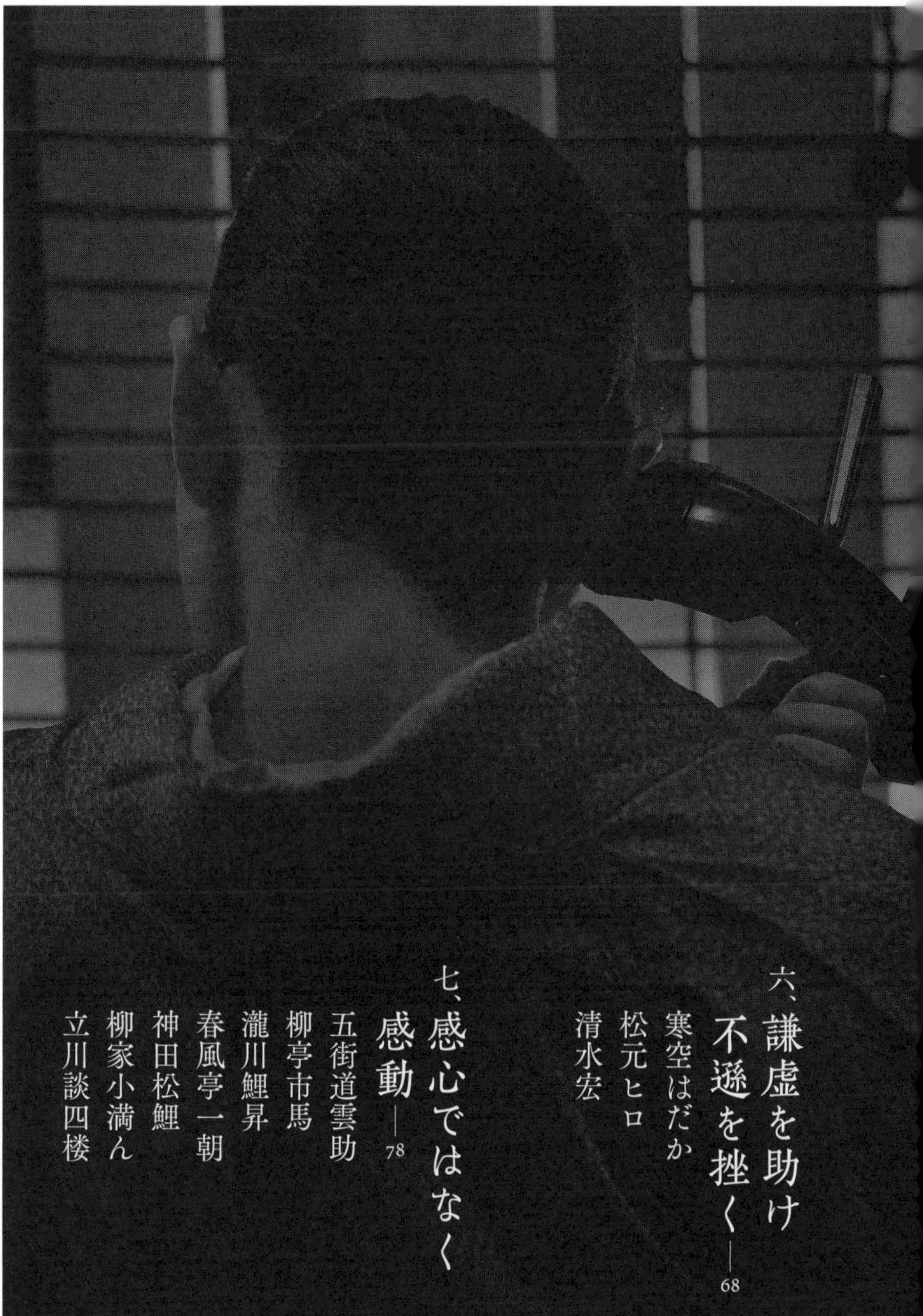

鈴々舎馬るこ
柳家小八
桂三木助
柳亭こみち
古今亭志ん五

柳家さん若
古今亭駒次
柳家花ん謝
神田蘭
桂夏丸
柳亭小痴楽
柳亭市童
春風亭昇也
春風亭正太郎
国本はる乃
柳家小んぶ
桂三度
柳家わさび
桂宮治

柳家小はぜ
三遊亭伊織
立川談吉
入船亭小辰
春風亭昇羊
春風亭一蔵
立川こはる
立川笑二
柳家緑太
桂鷹治
古今亭志ん吉
雷門音助
桂三四郎
三遊亭歌太郎

昔昔亭A太郎
春風亭ぴっかり☆
立川寸志
柳亭市楽
柳亭市弥
柳亭市江
林家扇
林家つる子
三遊亭楽大
入舟辰乃助
三遊亭わん丈
柳家小もん
桃月庵こはく
春風亭一花

三遊亭まん坊
橘家かな文
春風亭きいち
立川かしめ
桃月庵ひしもち
春風亭昇市
三遊亭じゃんけん
三遊亭あおもり
柳家寿伴
三遊亭ぐんま

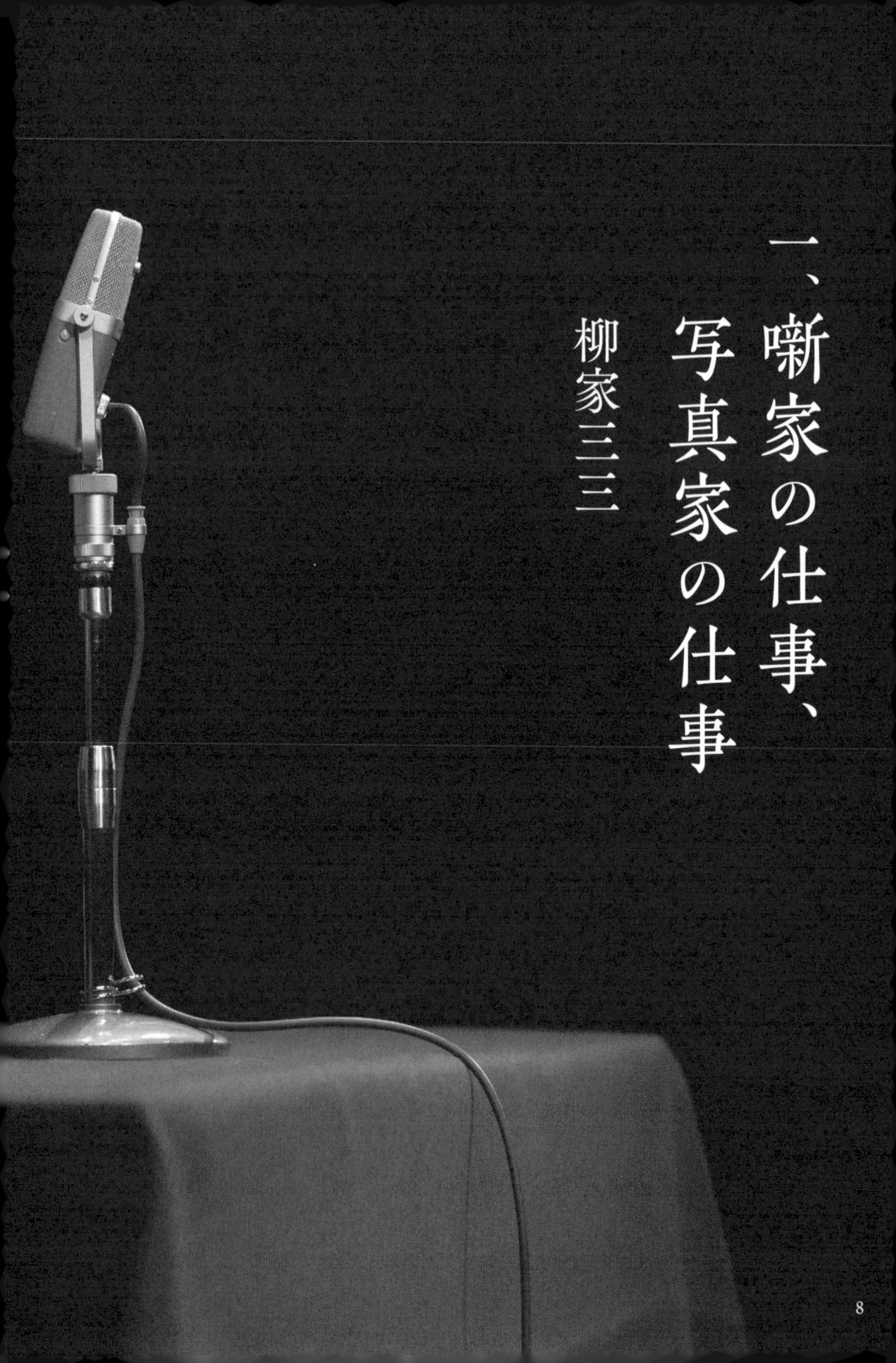

一、噺家の仕事、写真家の仕事

柳家三三

一

気を遣わず、好き勝手に何でも言い合える友人こそが親友だとよく言われるが、自分の場合はまったく当てはまらない。むしろ大切な友人であればあるほど、悪く思われたくないので気を遣う。

柳家三三師匠は親友である。

お互いに干渉しすぎない距離は保ちつつ影響を受けつづけている。中二レベルのバカ話はしょっちゅうするが、知らず知らずのうちに落語や写真における考えかたなどを掘り下げて語ることもある。プライベートな趣味嗜好の話をするよりも己の表現に対する想いを言うほうが、どんな話をするよりも恥ずかしい。そこを気にすることなく話ができるのは三三師匠だけだ。

もちろん、会話をしないときでもファインダー越しに、高座前の集中のしかたや体調の整えかたなど、受ける刺激は計り知れない。

厳しくも優しげな表情で三三師匠がふと口にした。

「自分は噺をするのが仕事、お客様は聴くのが仕事」

プロであれば、言い訳せず結果を出すのは当たり前、偶然の好結果では長続きはしない。しかし常にコンディション万全であるほうが稀、刻々と移り変わる聴き手の状況、演者である自身の状態を見きわめながら高座に上がりつづける。

ホールの大小にかかわらず過不足なく充足感を客席に届けることができなければ、お客さまの心には響かない。日々プレッシャーに晒されながらも自分を見失わない。

準備・継続・客観性。

プロとして在りつづけるための条件を柳家三三という表現者は兼ね備えている。

「柳家三三は、噺をするのが仕事。

橘蓮二は、その想いを形にするのが仕事」

いつでも、いつまでもそう在りたい。

二、奇跡の男

神田松之丞

二

滴り落ちる汗、釈台に炸裂する張り扇の音、躍動感あふれるダイナミックな所作と観客の心を射抜く鋭い眼光と語り口。

まさに稀代の講釈師・神田松之丞。

規格外の凄い講釈師がいるという噂は、演芸界では以前から知るところであったが、ここ数年はメディアの注目度は加熱する一方、その勢いは日に日に増すばかりだ。

講談の未来を一身に背負う存在であることは衆目の一致するところだが、松之丞さん自身は浮かれることもなく日々アスリート並みに身体のケアを怠ることなく稽古を重ね、ストイックなまでに講談への深度を深めている。才ある者がたゆまぬ努力を続ければ、縦横無尽向かうところ敵なしなのは至極当然である。さらにそれだけではない。松之丞さんの真の凄みは、技術・思考を備えながら、表現者にとってもっとも重要な感覚である、目の前の事象だけがすべてではないということを本能的に理解しているところだ。表現力を研ぎ澄ますには、音楽家にとっては実際には聞こえていない音が、写真家にとっては写っていない場所が、講釈師にとっては語られることのない物語を感じられるかにかかっている。観客の心を捉えて放さない松之丞講談の魅力は、日々を生きていくことがすなわち〝愛しき奇跡〟の連続であると語っているところだ。

〝奇跡〟など何も特別なことではない。生まれる時代も場所も選ぶことができずに出会った者が、抗うことができない定めとみずからの煩悩に翻弄されながら生きることが、まさに〝奇跡〟そのものなのだ。

松之丞さんの高座を撮影するたびに、みずからの人生が終わりを告げるときがきたら、笑いながらこう言えたら最高だといつも思う。

「いよいよ物語はこれからが面白くなってまいりますが、なんと、なんと！　お時間が、いっぱい、いっぱい！」

生きることの〝奇跡〟を語る神田松之丞の存在こそが、演芸界にとっての大いなる奇跡なのだ。

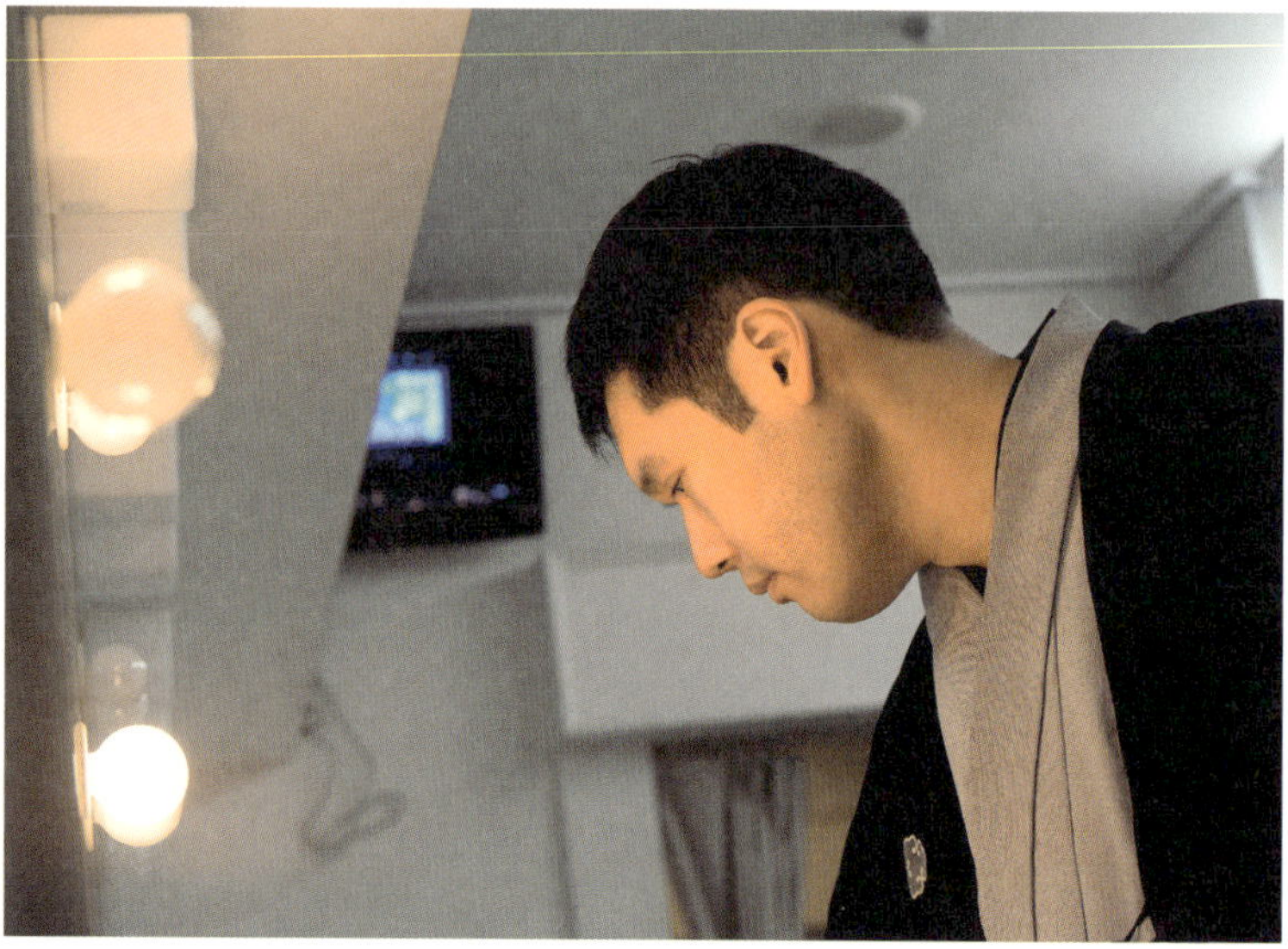

大団円

三、両雄の楽屋

柳家さん喬
柳家権太楼

三

久しぶりに鈴本演芸場の楽屋に撮影に行った。

演者さんの緊張感、仲間同士で交わされる笑い声、てきぱきと動き回る前座さんたち。はじめて楽屋に入ったころと変わらない寄席の空気と共に新しい時代の到来を感じさせる光景も目にした。

二十三年前、大師匠が座る場所である座卓から少し離れた壁際で着がえていた柳家さん喬師匠、柳家権太楼師匠、そして柳亭市馬師匠が現在は座卓を囲み、昔みなさんが着替えていた場所では柳家三三師匠が出番前の時間を過ごしていた。当時、三三師匠は前座さんとして働いていた。長いようで短い時の流れを感じた。

撮影に伺った日は、鈴本演芸場、夏の人気番組「吉例夏夜噺　さん喬・権太楼特選集」。仲入り前のなごやかな雰囲気とはうってかわって、両師匠が楽屋入りしてからはしびれるような緊張感に支配された。座卓を挟み向かい合いながらも言葉を交わすことはなく、高座へ向け己を研ぎ澄ましていく。

この日は、権太楼師匠が先に高座へ上がった。登場と同時にあっと言う間にお客さまの心を摑み、客席からはひっくり返ったような大きな笑い声が楽屋に届いていた。

「見ない、見ない」

そう呟きながらすぐ後ろにあるモニターから流れてくる権太楼師匠の映像にあえて背を向け、自身のなかに没入していくさん喬師匠。

紙切りの林家正楽師匠がヒザを務め、トリはさん喬師匠。

袖から客席を見つめ集中力を最大限に高めながらも、出囃子が鳴ると一呼吸おいてから間合いを取るようにスッと高座へ向かっていった。

両師匠の極限まで自身を追いこんでいくような、まさに真剣勝負と呼ぶにふさわしい闘いは、楽屋からすでに始まっていた。

現場の空気を読み、乱すことなく溶けこみ写真に収めるという、演芸写真家としてもっとも重要な心構えをあらためて実感した夜だった。

柳家権太楼

柳家さん喬

四、間がいい人は間に合う人

三遊亭兼好
入船亭扇辰
古今亭菊之丞
立川生志
隅田川馬石
橘家文蔵
古今亭文菊
春風亭柳朝
橘家圓太郎
三遊亭遊雀
桃月庵白酒
三遊亭萬橘

四

それほど親しくもなかったり久しぶりだったりの知人と、間をもたせようと無理に話題を捻り出し、時間をつないだりするのがとても下手だ。ここ最近は、加齢とともに人の悪さに磨きがかかってきたので以前ほど苦ではないが、それでも相手も居心地が悪いのが察せられ、気まずいことこの上ない。過ぎるのか、はたまた不足しているのか、自分のペースで話すわけでもなく、かと言って相手のペースに委ねることもできない。要は両者の会話に間が取れていないのだ。

武道の世界には「先の先、後の先」という言葉がある。「先の先」とは、相手の動き出しよりも速く動いて攻めること。「後の先」は、相手の動きを見切ってから攻めること。つまりは間合いの極意のようなものだ。

高座に挑む落語家さんも状況に応じてお客さまとの間合いを測らなければ、噺の芯を外してしまう。ストーリー展開、描写力、発想力も間合いが取れてこそ成り立つ。間合いは、リズム感と言い換えてもいい。

現在の落語界において、流派を越え各々がオリジナルな世界観で観客を魅了しつづける手練の噺家がいる。個性はさまざま際立っていながら共通するのは独自のリズムを持っているところだ。

どんな状況にあっても自分のリズム感がある者は、決して雰囲気に呑まれることも惑わされることもなくペースを摑み、己の技と表現力を存分に発揮することができる。

鋭い切れ味抜群の語り口、瞬時に情景を描き出す美しい所作、豪快さと細やかな情感を織り混ぜ、緩急自在に空間を捉える。そのすべてが相まって圧倒的な存在感につながっているのだ。

年齢も四十代から五十代へと、まさにこれから円熟期を迎える。大御所から若手まで幾多の人気落語家がひしめくなかで、その中核となる存在だ。

一流の落語家は、言うまでもなく間が取れている。

間がいい人とは、相手との絶妙な間合いが測れるだけではない。すなわち、高座を心待ちにしているお客さまの期待にも、ちゃんと間に合うことができる人のことを言う。

間がいい人は、いつでも間に合う。

三遊亭兼好

入船亭扇辰

古今亭菊之丞

立川生志

隅田川馬石

橘家文蔵

橘家圓太郎

三遊亭遊雀

古今亭文菊

春風亭柳朝

桃月庵白酒

三遊亭萬橋

五、自閉症の人

笑福亭鶴瓶

五

熱演の後の美しいお辞儀を見るたび、温もりと同時に切ない想いがこみあげてくる。

自身を自閉症ならぬ〝自閉症〟と称し、名のあるなしにかかわらず誰に対してもどんな時にも笑顔で接しつづける鶴瓶師匠の姿には驚愕させられる。

優しさだけでは人と関わることはできない。悪意はなくとも知らぬ間に相手を傷つけることもあれば、逆に傷を受けることもある。お互い無傷でいられないのならば、過剰な善人演出をするか虚勢を張って攻撃的に振るまうか、いっそのこと自分を閉じてしまうほうがずっと楽である。それほど他者と向き合っていくことは困難で、根気も勇気も必要だ。

鶴瓶師匠は、いつでも正面から相手を受けとめる。その行動の源泉は、大切な家族に、仲間に、そして今まで出会ってきたたくさんの人たちにいつも救われてきたことへの感謝の気持ちにほかならない。

若き日、不遜な態度で接してきた放送人に対して取った正義感が度を越してしまい東京を追われたときにも、見放すことなく手を差しのべてくれた人たちがいた。

そのときの想いが、血となり肉となり現在の師匠自身を形作っている。超多忙のなか、全国津々浦々を日々飛びまわりながら人と人との縁をつないでいる。

決して人を値踏みしない。まずは拒絶ではなく受け入れてみる。〝私落語〟をはじめ鶴瓶師匠の落語の根底に流れるのは人を信じ愛する気持ち。

人づきあいに関しては超守備的というかできれば試合に出場したくないと思っていた自分も、鶴瓶師匠の姿から、嫌でも生涯他者と関わりつづけなければならない人生というゲームに出る上での大切な心構えを教えてもらった。敵も味方もない。試合を心から楽しめる者こそ最強であると。

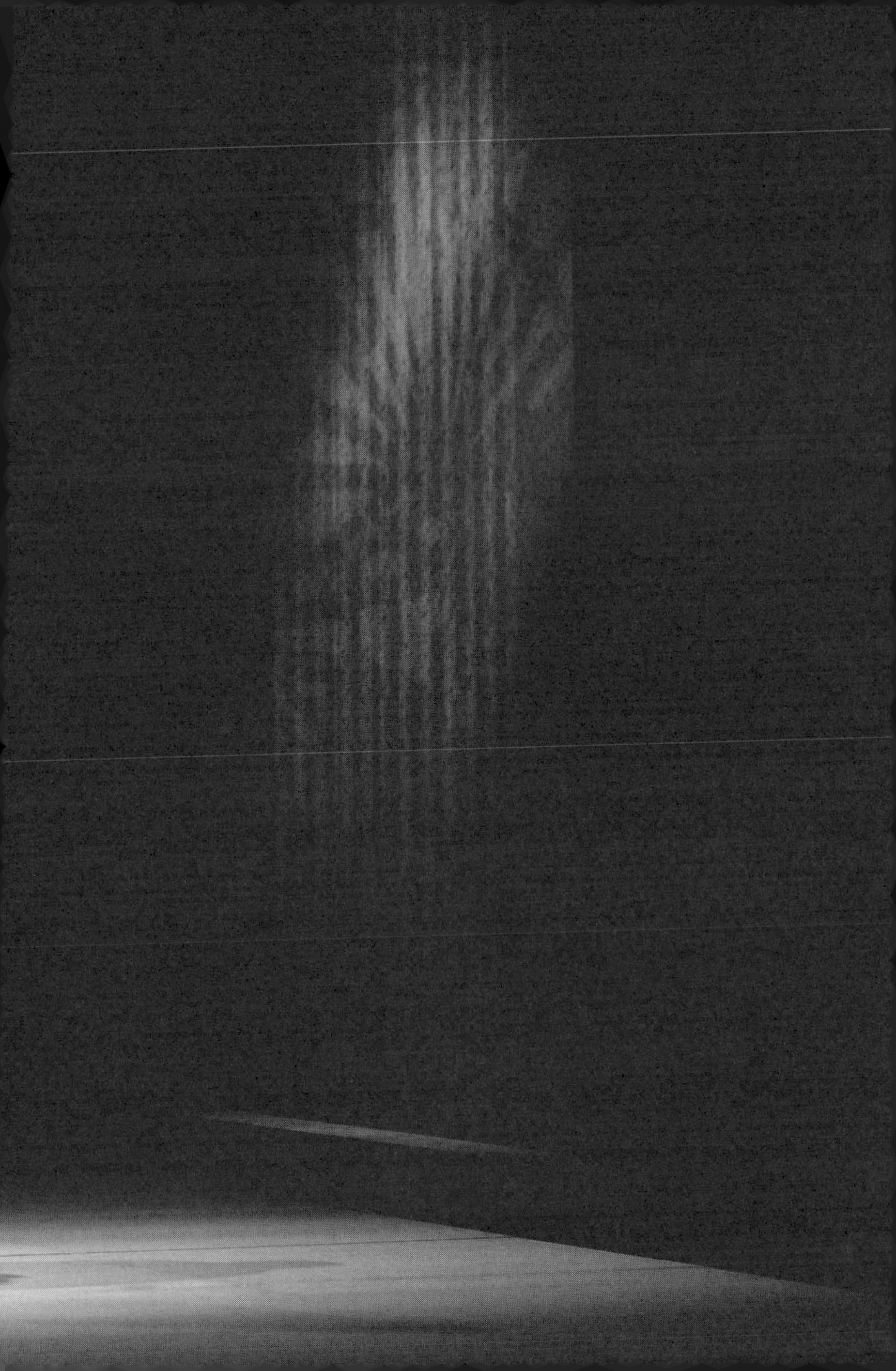

六、謙虚を助け不遜を挫く

寒空はだか
松元ヒロ
清水宏

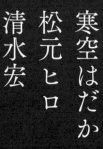

六

義侠心のある男に憧れる。

常に相手との力関係を測り、優越感を得るためのポジショニングに余念のない人を心のうちでは舌打ちするものの、かく言う自分も女々しさがシャッターを押していると言ってもいいほど、男としての器はかなり小ぶりである。だからこそ、一人で立ち向かう芸人さんへの尊敬は尽きることがない。

松元ヒロさん、清水宏さん、寒空はだかさん。舞台における立ち姿は、芸人としての生きかたを示すように軸がぶれない。

松元ヒロさんの笑いを盛りこんだ政治ネタは、多数のファンを獲得しながら同時に反発する人たちも少なからず生む。どちらが正論と争うのではなく、どんな主義主張も同等に扱われることが最優先と、どちらの反応にも常に笑顔で受けきる精神力は、そう簡単に真似ができるものではない。

「僕は敵を作らないから無敵」

と笑うヒロさんだが、強靱でいて柔軟な心根には、そもそも〝敵・味方〟という概念すらないのかもしれない。どちらが正しいではなく、どちらもお互いの違いを認めましょうと言っているだけなのだ。

もう一人、無敵というか負けを認めないというか、とにかく相手が根負けするまで、要は勝つまでやめない男、清水宏さん。

思いこみ、行動力、汗のかきかた、そのすべてが尋常ではない。

もし、「芸人汗かき選手権」があったら間違いなく決勝は、神田松之丞と清水宏の対戦になる。その激しい汗のかきっぷりは、単に人より汗腺の数が多いからではない。芸人としての生きかたを求めるがゆえに、もがきながらも光を求めつづける想いがかく汗なのだ。

清水宏さんの汗は語る。

何ごとも効率だけを求め過ぎるとつまらなくなると。くよくよ考えるな。

「Leap before you look（見る前に跳べ）」

寒空はだかさんの博識ぶりは想像を超える。古い日本映画や鉄道に関しては、そこらのマニアも太刀打ちできぬほどの知識量。もちろん、センス、テクニック、芸人さんとしての力量も一級品。にもかかわらず、ふだんは、能ある鷹は爪を隠すどころか深爪かと思うほどに、人前では己をひけらかすことがない。それでいて、ライブにおけるはだかさんは、すぐれた表現者は重いものは軽く、軽いものは深く描くことができると言われるように、押さずとも核心にそっと触れ、外さない力加減が絶妙だ。

ヒロさん、清水さん、はだかさん、各々表現方法は違っても、共通するのは常に不遜な者に対して強い気持ちを向けているところだ。そこが芸人さんとして、男としてのカッコよさだ。

たとえ弱気な自分が顔を覗かせても、ヒロさんが想い描く愛ある世界、理不尽という名の壁に体当たりを続ける清水さんの姿、そして観客を笑顔にするはだかさんが手にする真空ギターが見えたなら、きっと明日は前を向ける。

寒空はだか

松元ヒロ

清水宏

七、感心ではなく感動

五街道雲助
柳亭市馬
瀧川鯉昇
春風亭一朝
神田松鯉
柳家小満ん
立川談四楼

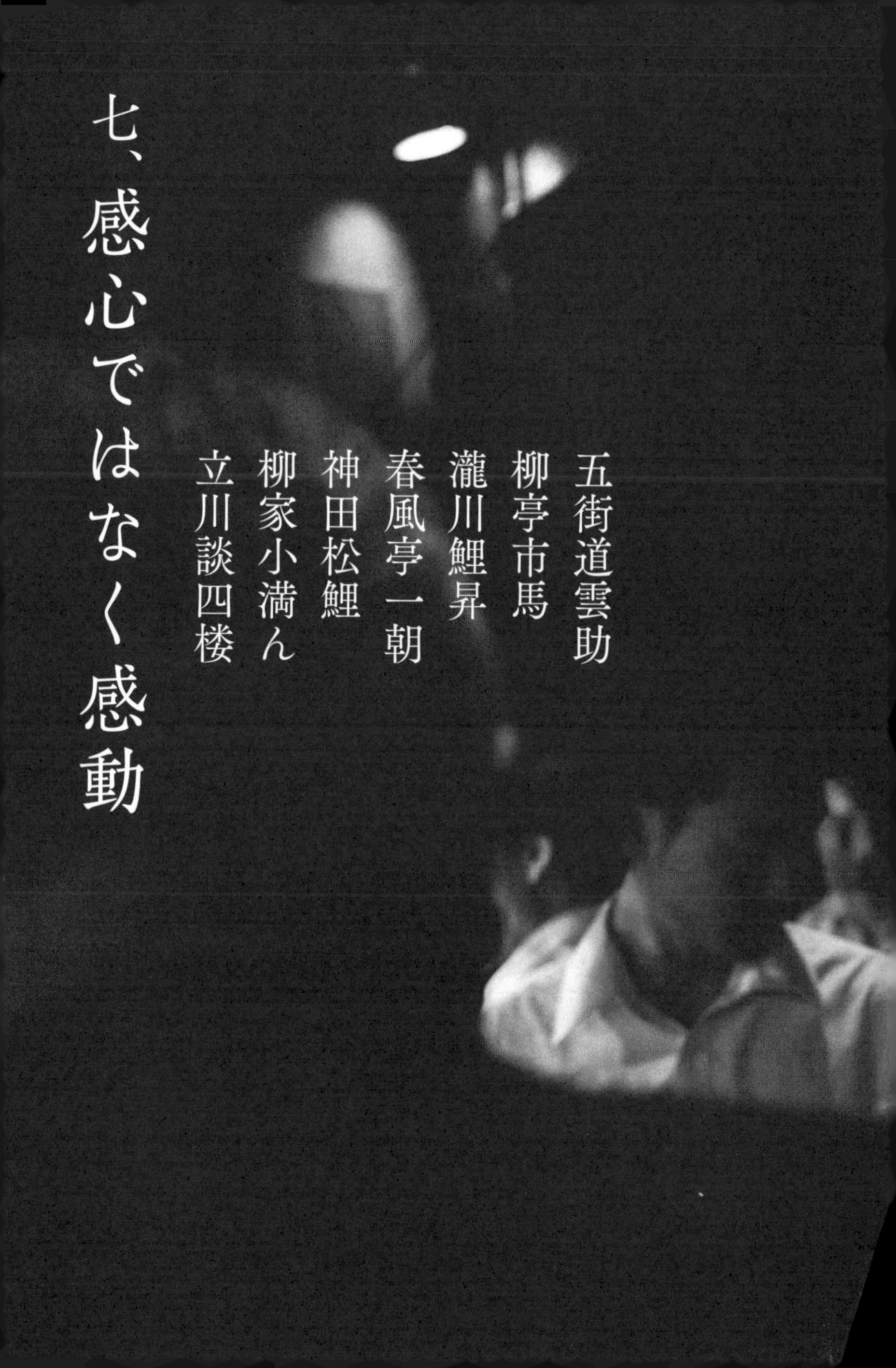

七

上手い写真と言われるよりも、感じる写真と言われたい。

どんな世界においても、高い技術を持った者はあまたいるが、テクニックを感じるいとますら与えぬほどにさりげなく心に染み入る表現者は限られている。

〝芸は人なり〟とはよく言われることだが、「人なり」とは真面目な好人物という側面もあるとは思うが、自分は、己の表現に対して揺るがない覚悟を持った者のことだと思っている。そして、日々内面と向き合い、生涯にわたり孤独な作業をひた向きに続けていく。

演芸界にも〝上手い〟という言葉すら忘れさせるほどの存在感でお客さまの心を引きつけてやまない名人たちがいる。熟練の技と芸に対する真摯な想いが一体となった瞬間、至福の時が訪れる。

写真家の目線で言うと、言葉で表現するのは難しいが、感覚としては一流の芸人さんたちは、空間が立体的というか、纏う空気に厚みがあり、向かってくる声の方向が一方向からではなく、全体が包みこまれるように感じられる。ゆえにさまざまな情景が次から次へと現れ、撮影するのが本当に楽しい。

一流のさらに上を行く表現者は感心させるのではなく感動させる。

まさに、

〝名人は上手の坂を一登り〟を体現している。

五街道雲助

柳亭市馬

瀧川鯉昇

春風亭一朝

神田松鯉

柳家小満ん

立川談四楼

八、逆説のスター

春風亭昇太

八

春風亭昇太師匠、落語界の天才児であり、橘蓮二界（要は自分のなか）においては努力の人である。

昇太師匠の芸に対する考えかたの深度と角度は頭抜けている。

その見据えるまなざしは厳しくそして温かい。

「自分の落語会は、お客さまにとっては空白の時間」

と口では言うが、あるインタビューの言葉に師匠の想い、本心は如実に表れていた。

「貴重な時間とお金を使って聴きに来るお客さまへの責任は大きい」

表現者には、実体のないものをお金に換えることの葛藤とプレッシャーが絶えずつきまとう。プロとして自分に常に厳しくあろうとする気配をさまざまな場面で感じてきた。

しかし、落語はフィクションのなかで想像力を駆使して楽しむ芸能、笑いに包んでこそ訴求力は増す。チャップリンの名言のひとつ、

「人生はクローズアップで見れば悲劇、ロングショットで見れば喜劇」

を地で行く昇太師匠演じるキャラクターたちは、爆笑を巻き起こしながらも人間が織り成す滑稽さを愛するやさしさに満ちあふれている。

サービス精神と己に対する厳しい姿勢を持ちつづけることは、お客様への向き合いかたが真摯である証だ。

若き日、手応えがあった高座の後ほど、打ち上げの乾杯の挨拶で、

「今日の俺に乾杯！　ビバ俺！」

と座を和ませることがあった。もちろん、上から目線の俺様発言ではなく、言葉とは裏腹、その真意はお客さまに喜んでもらえたことを実感できた嬉しさであった気がする。

どこまで自分を追いこんだかを問わず、受けなければお客さんが悪いと逃げ道を探す者はすでに負けている。

昇太師匠の高座を観れば気づくはず。才能と努力の両輪を持つ者は無敵だということに。

城好きとしても有名な昇太師匠、もし戦国時代に生まれていたら、そのポテンシャルを以てすればきっと名のある武将になっていたのではなかろうか。橘もその時代をともに生きていたならば、現世で袖の暗がりで気配を消してカメラを構えるように、その一挙手一投足に目を凝らす、天井裏に潜む忍びの者になっていたかもしれない。

九、声の色合い、技の彩り

遠峰あこ
柳家小菊
立花家橘之助
春野恵子
（曲師 一風亭初月）
玉川奈々福
（曲師 沢村豊子）
鏡味味千代
江戸家まねき猫
神田鯉栄
神田阿久鯉

九

流麗な至芸を生み出す美しい指先の動きと身体の芯に響きわたる心地よい声音に心を持っていかれる。

艶やかに高座を彩る魅力あふれる女流芸人さん。

楽器は、鳴っている音のなかに、鳴らせている音以外のさまざまな音が複雑に混ざり合いながら同時に鳴っている。音楽に関わる人には常識である、いわゆる「倍音」というものだ。楽器だけではなく、同じく声も含まれる倍音によって印象が変わってくる。そう、声にも色彩があるのだ。

音曲の世界における二人の看板師匠である柳家小菊師匠と昨年、大名跡を襲名した二代、立花家橘之助師匠。艶のある美声と華麗な撥《ばち》捌き、粋で匂い立つような美しい姿は、自分が演芸写真を撮りはじめた二十数年前からまったく色褪せることなく、ますます磨きがかかっている。その美しさと歌声に心がほぐれ拡散していく。

浪曲界の人気者、玉川奈々福先生と春野恵子先生。名人曲師・沢村豊子師匠が操る三味線の音に乗せて語る奈々福さんの繊細かつ力強い節まわしと、恵子さんの伸びやかで凜とした高座は必聴、必見だ。個人的には、奈々福さんは編集者時代、恵子さんは女優として活動していたころからの知人なので、二人の活躍は本当に嬉しく、まさか現在、写真家と浪曲師として同じ高座で向き合う日が来るとは夢にも思っていなかった。東京・大阪で各々が浪曲の魅力を伝えながら牽引する存在になっている。

心に響く声といえば、動物鳴きまねの江戸家まねき猫さん。声帯模写なのだから声がよいのは当たり前だと思うかもしれないが、鳴きまねはもちろん名人芸だが、地の声の心地よさもすばらしい。柔らかく包みこむ声と動物の描写との緩急が、なんともやさしい気持ちにさせてくれる。

講談では、神田鯉栄先生と神田阿久鯉先生のお二人は絶対に聴きのがしてはならない。鯉栄先生は、女性講釈師唯一と言っていい巻き舌を駆使した切れ味と、女性ならではの細やかな情感が高座にあふれる。そして、阿久鯉先生の美しさと同時に迫力ある声は、軍記物など特にスケールの大きな読み物では大きな感動を呼び起こす。神田派を代表する講釈師のひとりである。

寄席などで華を添える太神楽《だいかぐら》のなかで、鏡味味千代さんのテクニックと美貌は出色。見とれるほどの妙技と高座姿をぜひ一度、間近で観てほしい。

そして、現在は国内だけに留まらずヨーロッパでも活躍中の〝野毛の歌姫〟こと唄うアコーディオン奏者の遠峰あこさん。自身のライブや落語会のゲスト、そして路上と、どんなシチュエーションであっても圧倒的な歌声と演奏力で観客を魅了する可憐でタフな歌姫である。

演芸界に咲く数々の美しき女流芸人さんたち。

その歌声、そしてプロの妙技に身を委ねれば、必ずや虜になること受け合いだ。

遠峰あこ

柳家小菊

立花家橘之助

春野恵子

一風亭初月

玉川奈々福

沢村豊子

鏡味味千代

江戸家まねき猫

神田鯉栄

神田阿久鯉

十、アウェー・アンド・アウェー

立川志の輔

十

「アウェー中のアウェーで戦うことにワクワクする自分がいるんですよ」

初夏の横浜にぎわい座での連続公演楽日終演後、翌々日から始まる、本人曰く「日本でいちばん笑ってはいけない場所」である能楽堂でのこけら落とし公演に向けての想いをそう表現した。

そして、連日満員御礼の盛況で終えた高座から、お客さまと神宿る舞台への敬意と感謝を述べた後に言った一言には、志の輔師匠の芸に対するプライドがこめられていた。

「どこでやってみても、気持ちはいつもと同じでした」

無名時代、どんな場所へも出向いて行って座布団ひとつで語りつづけ、道を切り拓いてきた志の輔師匠が、もっとも過酷であった仕事のエピソードを懐かしむように語った。それは野外コンサートの前座として海の上の高座に上がったときのこと。

お客さまは砂浜に設置された椅子に座り、語る演者は海の上の仮設高座。

「よく考えてみてください。揺れながら喋っている自分とお客さまのあいだに波があるんですよ」

たとえ大看板の師匠であろうとも、時代を問わず、すべての芸人さんの始まりはアウェー・アンド・アウェー。

〝プラチナチケット男〟と称される志の輔師匠の始まりも例外ではなかった。

いつの間にか、アウェーだと思っていた場所が自分を心待ちにしてくれるファンで一杯になっても、師匠は変わることなく心の傍らにいる駆け出しのころの自分とともに高座に上がりつづける。

才ある表現者よ、なにも恐れることはない。志の輔師匠を見よ。苦しみながらもがきながら、いつかは歓迎されることのなかったアウェーの地をホームに変えていくことが表現者にとっての醍醐味になるのだ。

空間は自分で生み出していくもの。

「どこでなければ」ではない「どこであっても」だ。

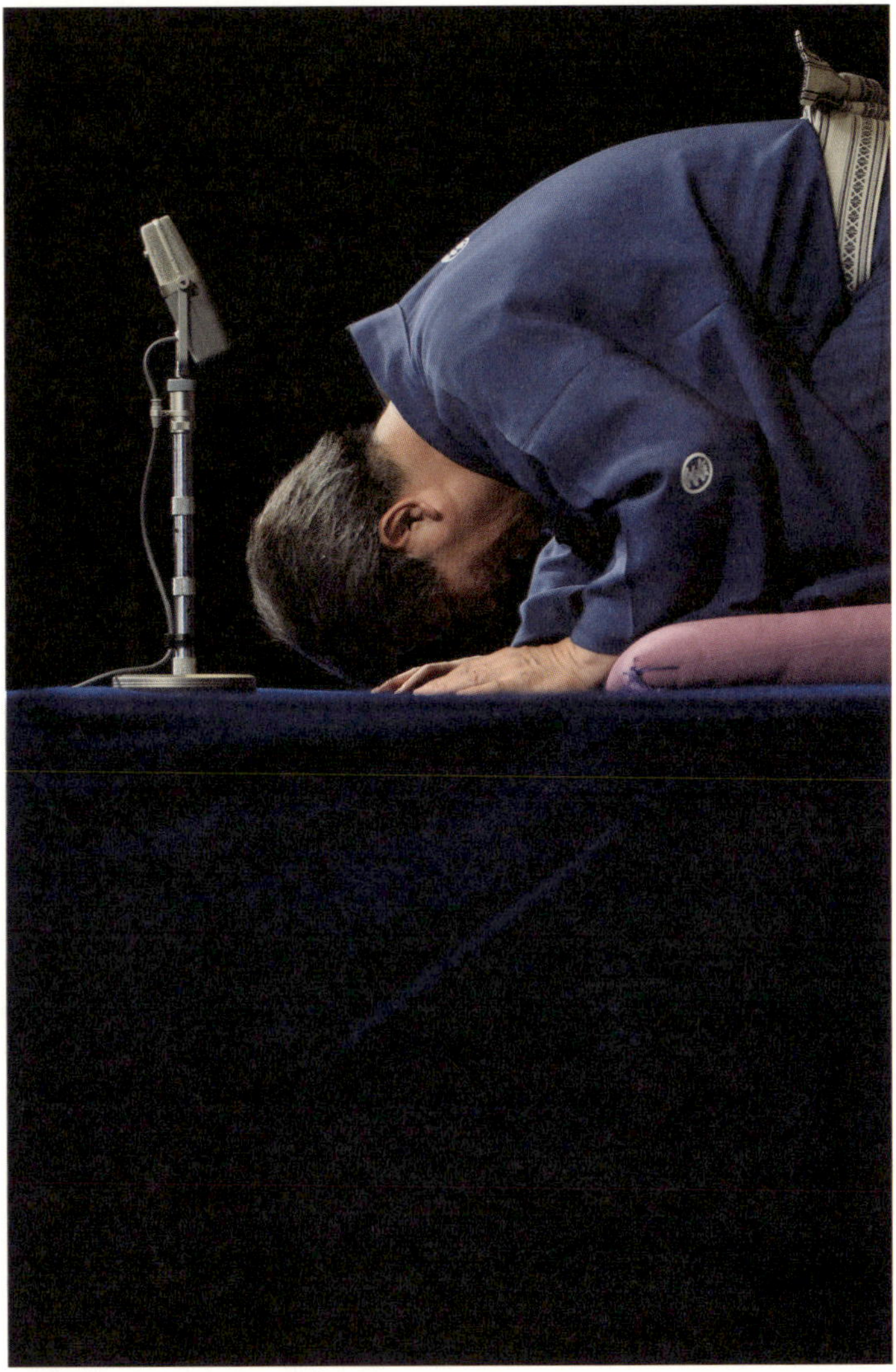

十一、上方落語が描くもの

桂文珍
桂春蝶
桂かい枝
桂吉弥
桂雀々

十一

ここ数年、東京を拠点に活動を続ける上方の落語家さんの数は徐々に増えつづけ、現在は以前に比べて東西の落語の交流は格段に多くなった。

撮影しながら時折感じる、上方落語に内包されている華やかさのなかに混在する、切なさや笑いの後に訪れる一抹の寂しさに心ひかれる。

正直に生きようとしても、人生は自分が思い描いたとおりにはならない。時に心が軋み、憂いのなかに立ち止まっても、無理に口角を上げてでも笑顔を作ることで、細やかな喜びが胸に灯をともす。

開けっぴろげでいつも冗談を言い合っている関西人のイメージも、相手によけいな気を遣わせまいとする心配りに思える。

もちろん、性格を決定づけるのは個々の思考と身の処しかた。生まれ育った土地柄は、重要な影響を与えることは間違いないが、決してすべてではないことは承知している。実際、うんざりするほど執念深い江戸っ子もいるし、心開く京都人も知っている。

人間が他の動物に対してひとつだけ誇れることがあるとすれば、それはどんなに辛くても笑うことができるところだと思っている。相手を想い、祈りにも似た気持ちで全身全霊をかけて笑いにこだわる姿勢は心を打つ。

印象派の画家たちが、光を表現するために陰影を描くことを重要視したように、人間の切なさや哀しみを見つめながら笑いという光で照らし出す。それが人情にあふれた上方落語の真髄。

桂春蝶

桂吉弥

桂かい枝

桂雀々

桂文珍

誰が為に生きる

立川志らく

立川志らく

十二

「十万人のバカに認められるよりも敬愛する一人に認められたい」

深夜、テレビのリモコンをオンにした瞬間、立川志らく師匠の姿が飛びこんできた。

さらに続ける。

「人間は弱いから、つい多数を欲しがる。でもどんなに多くの人から支持されたとしても、自分がいちばん認めて欲しい人に評価されなければこんなに辛いことはない」

落語を、志らく師匠を少しでも知る者ならば、〝いちばん認めて欲しい人〟が誰なのかはすぐに目に浮かぶ。そう、生前、

「志らくは、俺の狂気を継ぐ男」

と評していた立川流家元、立川談志師匠。

物事を捉えるとき、正否や信憑性ばかりを重視するのではなく、常識を疑い、ときには自分自身さえも疑って、常にさまざまな角度から水平思考で人生と格闘を続けた落語界のカリスマ。

その談志師匠から志らく師匠が受け継いだものは決して狂気だけではない。落語へ向かう姿勢はもちろん、談志師匠がこよなく愛していた映画や音楽、そして住んでいた家まですべて丸ごと受け止めた。

はたして、目の前にいない相手を想いつづけながら生きることは辛いことなのか？

自分はそうは思わない。

表現することは愛情を形にすることと同義。最愛の師匠と同じ落語という最高の表現手段を手にする志らく師匠にとって、

「こんなとき、師匠ならこう言うだろう、きっとこうするだろう」といつも想像し、姿は見えなくとも師匠に喜んでほしいと日々を送ることは、表現者にとってこれに優る喜びはない。

誰かが想いつづける限り、人は生きつづけられる。

いつでも談志師匠とともに生きる志らく師匠は本当に幸せだ。そして、これほどまでに想われる談志師匠もまた間違いなく幸せな人である。

十三、受け継ぐ想い

玉置宏
立川晴の輔
立川志の八
立川志の春
立川志のぽん
立川志の太郎

立川志の彦
立川志の麿
立川志の大
玉川太福
（曲師 玉川みね子）
だるま食堂
山本光洋
加納真実
米粒写経
木村万里

十三

演芸の歴史のなかには表方だけではなく、裏方として支えつづけた数多くの名プロデューサーがいた。

初代・横浜にぎわい座館長、玉置宏さんもそのひとりだった。

演芸を心から愛し、芸人さんだけに限らず演芸に関わる多くの人から尊敬されていた。名実ともに絶大な実績がありながら、尊大にふるまうことなど微塵もなく、誰に対してもやさしく接してくれた。もちろん、それだけではなく、ときには厳しい一面を覗かせ、演芸の世界における、心がけなければならない大切なことも教えていただいた。

玉置館長の人柄を偲ばせる印象深いエピソードがある。

ある落語会の打ち上げの席でのこと。主役である落語家さんの知人が連れてきた出版関係者の一人が何とも困った人で、落語会の打ち上げは初参加ということを差し引いても、まわりのことなどお構いなしに大はしゃぎ、他のお客さまも師匠の関係者だと思うから注意もできず、なかなかしんどい宴が続いていた。そんななか、玉置館長からのご挨拶。

「○○師匠、お疲れさまでした。本当にすばらしい高座を見せていただきました。うちにまた大きな看板が加わりました。ありがとうございました」

と言い終るや件のお客に向けて、

「それから、そこのあなた、どこかでキチンと勉強しなおしてきてください。そうでなければ、あなたはもうこういう場所に来てはいけません」

もちろん、その勘違い客はグゥの音も出ない。自分を含め、集ったお客さまはみな、心のなかで大喝采を送っていた。

そしてもうひとつ。

現在も大晦日、立川志の輔師匠、立川生志師匠を中心に多くの芸人さんが集って開催されている「にぎわい座　カウントダウン寄席」でのできごと。

演者さんたちの熱演の後、恒例午前零時の時報とともに、出演者と一緒に行うくす玉割りのクライマックス直前、その年も無事に終え新たな年を迎える喜びで少々お酒が入っていた玉置館長。会場全体が年明けを今か今かと待ち受けていたなか、「十秒前」のアナウンスを聞いた瞬間、酔った勢いでくす玉の紐を引いてしまい、大晦日の午後十一時五十九分五十秒に紙吹雪とともに「明けましておめでとうございます」の垂れ幕が飛び出してしまった。

演者さん、スタッフ、お客様があっけにとられている間にめでたく年明け。舞台の上で恥ずかしそうに笑う玉置館長の笑顔は今も忘れられない。

厳しくもチャーミングな演芸界の大先輩だった。


そして、現在の演芸界にも名プロデューサーはいる。若き日、立川談志師匠の高座に触れ、生きる希望を見出して以来、三十年以上に亘りお笑いの伝道師とも言うべき活動を続けるお笑いプロデューサー、木村万里さん。

その行動力と目利きぶりには舌を巻く。

自分も、〝講談界の風雲児〟神田松之丞さん、〝野毛の歌姫〟唄うアコーディオン奏者、遠峰あこさん、爆笑コントの最強三人組・だるま食堂さん、孤高のパフォーマー・加納真実さん、加納さんの師匠でもある同じく超絶パントマイム芸で魅了する山本光洋さん、そして浪曲界期待の玉川太福さん等々、各ジャンルで活躍を続ける芸人さんの存在はみな、万里さんに教えてもらった。

落語界のトップスター、立川志の輔師匠も二ツ目時代から万里さんの力を借り、ともに数々の公演を成功させてきた。そして驚くなかれ人気落語家、春風亭一之輔師匠に至っては、大学時代の一之輔師匠を観た万里さんが、自身のコラムに「プロになってほしい逸材」と紹介するほどにその才能を見抜いていた。

現在も以前となんら変わることなく精力的にお笑いライブに足を運び新たな才能を発掘し、手打ちの公演での紹介を続けている。

先述した志の輔師匠との数々の公演のなかでも、二十一世紀の幕明けと同時に約十年に亘り、新宿、明治安田生命ホールで毎月二十一日に開催していた落語会、「志の輔らくご21世紀は21日」のなかでスタッフとして参加していた万里さんの尽力は計り知れない。志の輔師匠はもとより、一門のお弟子さんにとってもそして直接、間接を問わず、関わっていた演芸関係者にも大きな意味を持つ会であった。

当時、立川談志師匠を唸らせた、ニュースと天気予報をパントマイムで演じる至芸で幕間を笑いに包んでいたのは松元ヒロさん。そして、立川晴の輔師匠、立川志の八師匠、立川志の春さんといった現在、人気若手真打ちとしてまた期待の二ツ目さんとして活躍しているお弟子さんたちもこの会で修業を重ね、その後に続く数多くの弟弟子のみなさんもこの会を観て弟子入りを決意した。そして、もちろん、後になって知ることであるが、漫才師、米粒写経として、また「渋谷らくご」のキュレーターとしても、現在の演芸界にとって欠くことのできない存在であるサンキュータツオさんも、この会を客席から見守っていたという。

演者、プロデューサー各々の角度から落語・演芸の魅力を発信するタツオさんの大学の卒論のテーマは「立川志の輔」。それほどに影響を受けたまさに〝志の輔チルドレン〟であり、その後演芸に深く関わりながら万里さんから教えを受けた〝木村万里チルドレン〟でもある。

ブームと世間が騒ぎ出すと、初心も演芸への愛情もどこかへ置き忘れ、己の立場を少しでも高みに置こうと浮き足立つ人もいるなかで、生前の玉置館長がそうであったように、どんな状況であっても万里さんとタツオさんのスタンスはぶれることがない。演芸を愛してやまなかった先達が伝えてきた想いを受け継いでいく。

変わることなくこれからも。

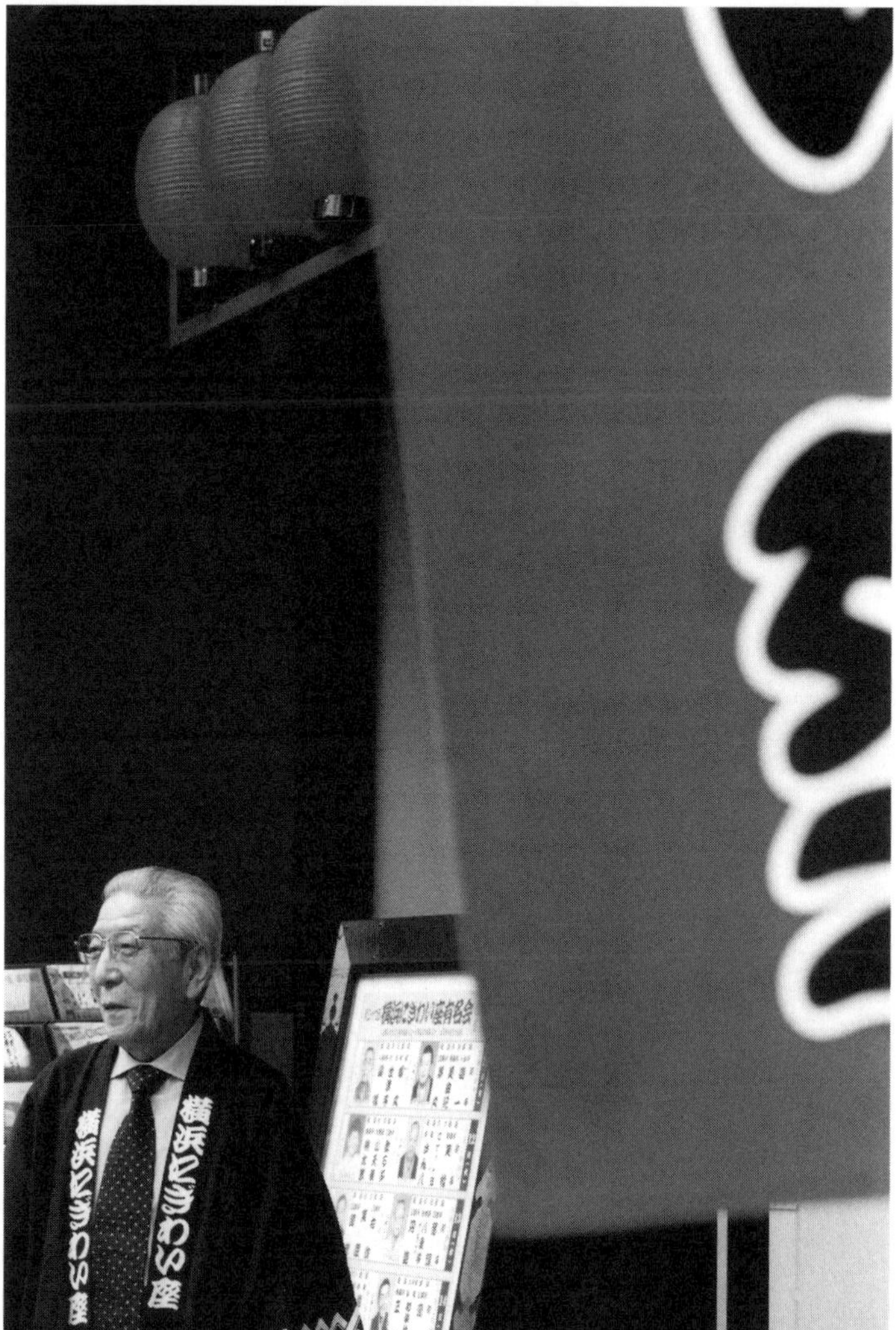

玉置宏

玉置宏

立川晴の輔

立川晴の輔

立川志の八

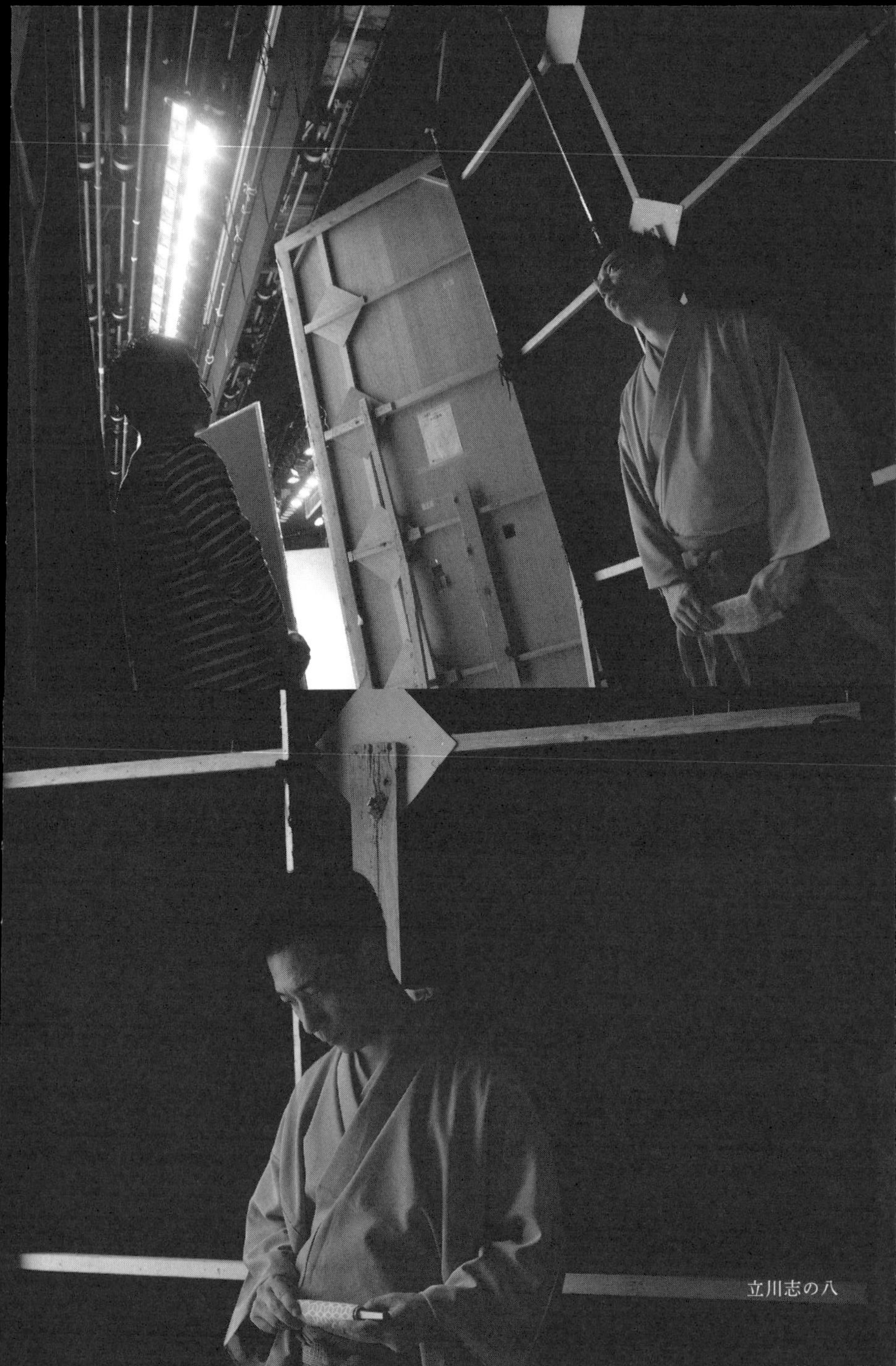

立川志の八

立川志の春

立川志のぽん

立川志の太郎

立川志の麿

立川志の彦

立川志の大

玉川太福・玉川みね子

だるま食堂

加納真実

山本光洋

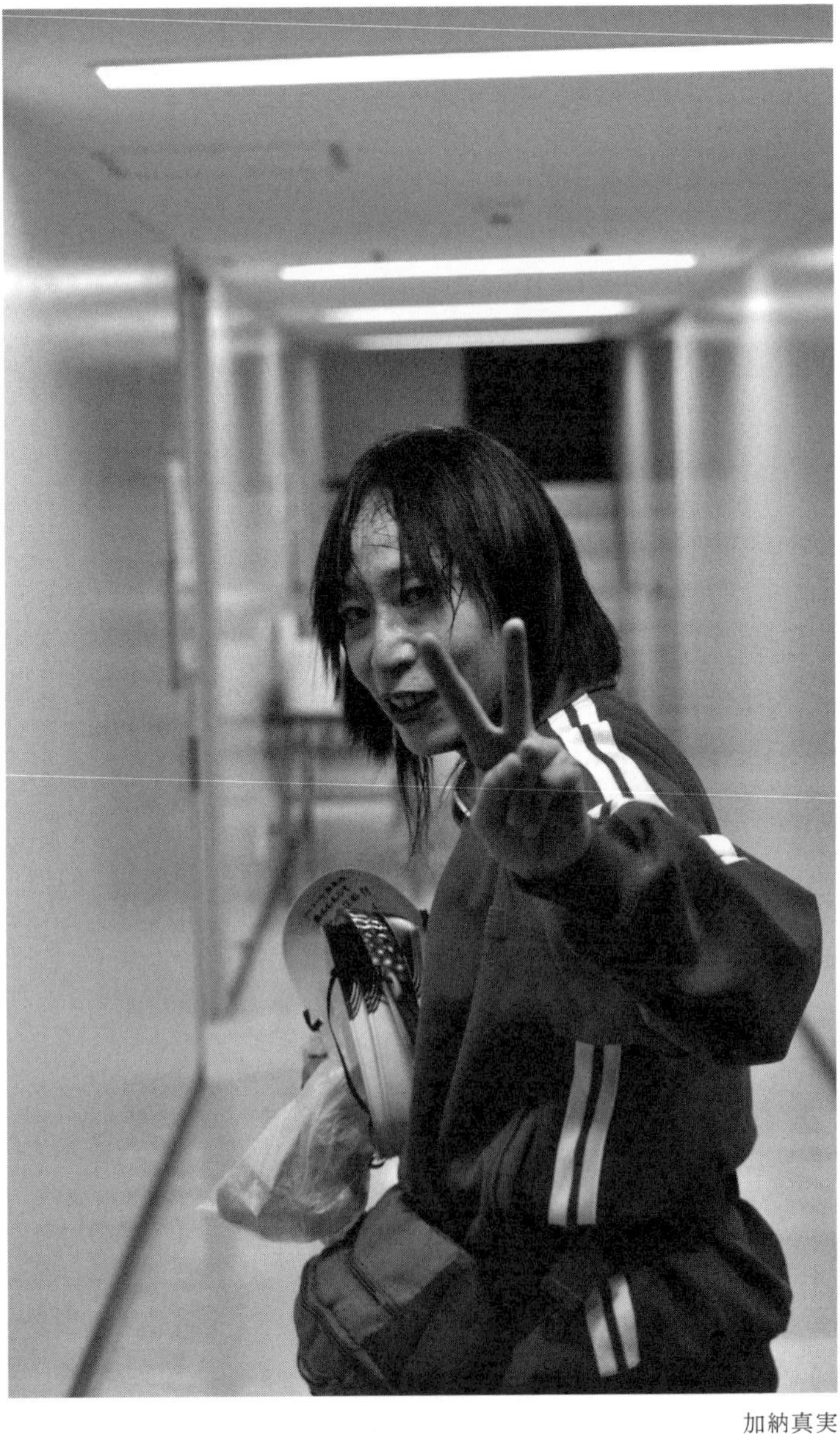

加納真実

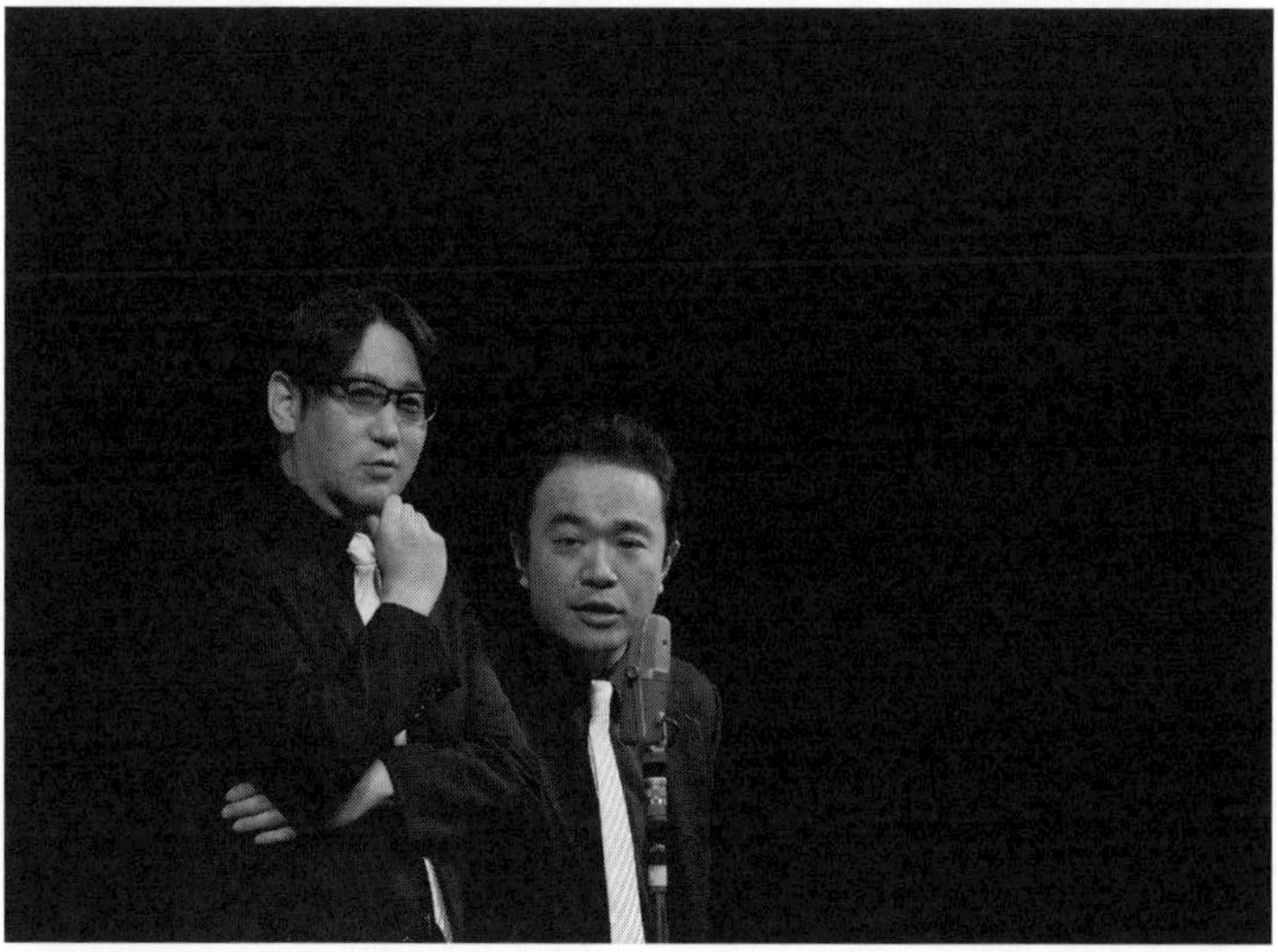

米粒写経

サンキュータツオ（米粒写経）

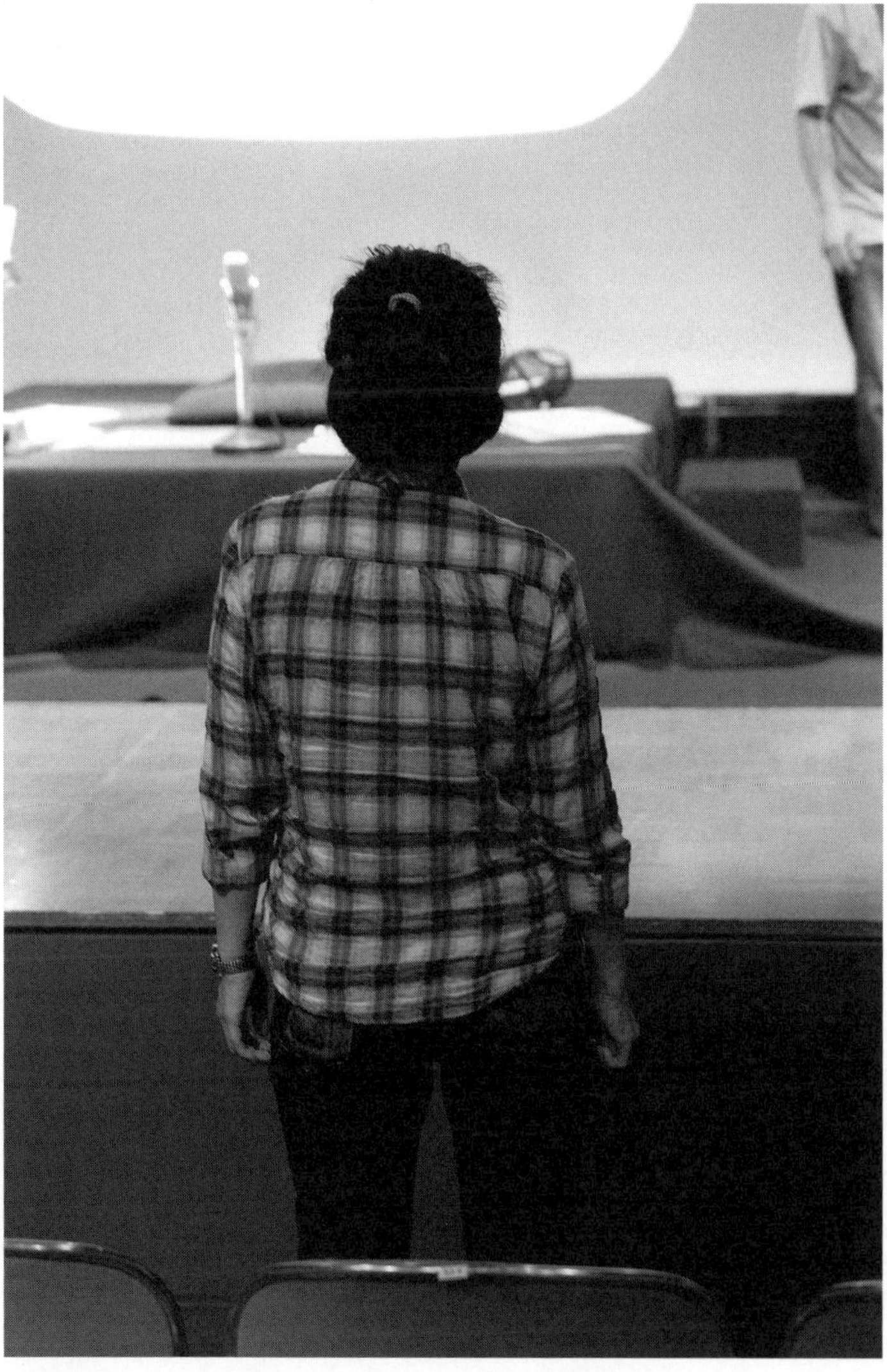

木村万里

十四、落語に宿る生命力

桂歌丸

十四

連日、猛暑が続いた東京。国立演芸場、八月中席。長期療養から復帰をはたした桂歌丸師匠の壮絶であると同時に、神懸かるほどの美しさを垣間見た五日間であった。

車椅子から立ち上がることも、自発呼吸することさえ儘ならない、日常生活を送ることすら困難な体調のなか、鼻から管を入れ高座の裏に設置された酸素吸入器につなげたまま語りつづけた約一時間にわたる長講『牡丹灯籠・お露新三郎　出逢い』

初日、劇場スタッフ、お弟子さんたちが待ち受けるなか、楽屋口に歌丸師匠を乗せた車が到着。身のまわりのお世話をする関係者に付き添われて楽屋へ。久しぶりの高座を控える緊張感と、挨拶や取材に訪れる人の出入りの多さで、楽屋内には落ち着かない空気が流れていた。

私服で楽屋入りした師匠は、立ち上がりほんの数分、着物に着替えただけですでに息が上がってしまい、何度も苦しそうに顔を歪める場面があった。

そんな、最悪とも言える体調にもかかわらず、寄り添い、見守り、全力で支えるスタッフ、お弟子さん、共演者、そして劇場に詰めかけたお客さまの期待に応えるため、体力の限界をはるかに凌駕する精神力で、最終日まで鬼気迫る凄まじい高座を務めつづけた。


五日間を通して、もっとも印象深かったのは、出番直前、車椅子のまま袖に控えながら刻一刻と近づく本番に向け鋭さを増していく、周囲の者を寄せ付けないほどの気迫あふれる姿であった。

迎えた高座は、酸素吸入器がつながっていることすら忘れてしまうほど、語り口は淀むことなく、声量も申し分なかった。連日、終演後は精も根も尽き果て、ぐったりと倒れこむように車椅子に身体を預ける、身を削る高座の連続だったが、それでも歌丸師匠は現在を、未来を見据えて前を向きつづけた。

そして、八十一歳の誕生日前日の高座終了後、お客さまを前に己を鼓舞するがごとくこう宣言した。

「来年は、めったに演《や》らない大ネタの『小間物屋政談』を演りたいと思います」

演者が生み出す高座は、日々新たに生まれ変わっていく。

人は肉体のみで生きているのではない。心で生きているのだ。

歌丸師匠を支えているのは、落語の神さまに捧げる覚悟宿る真心。

今を、そして瞬間、瞬間を生きる桂歌丸という存在自体が落語に宿る生命力そのもの。

歌丸

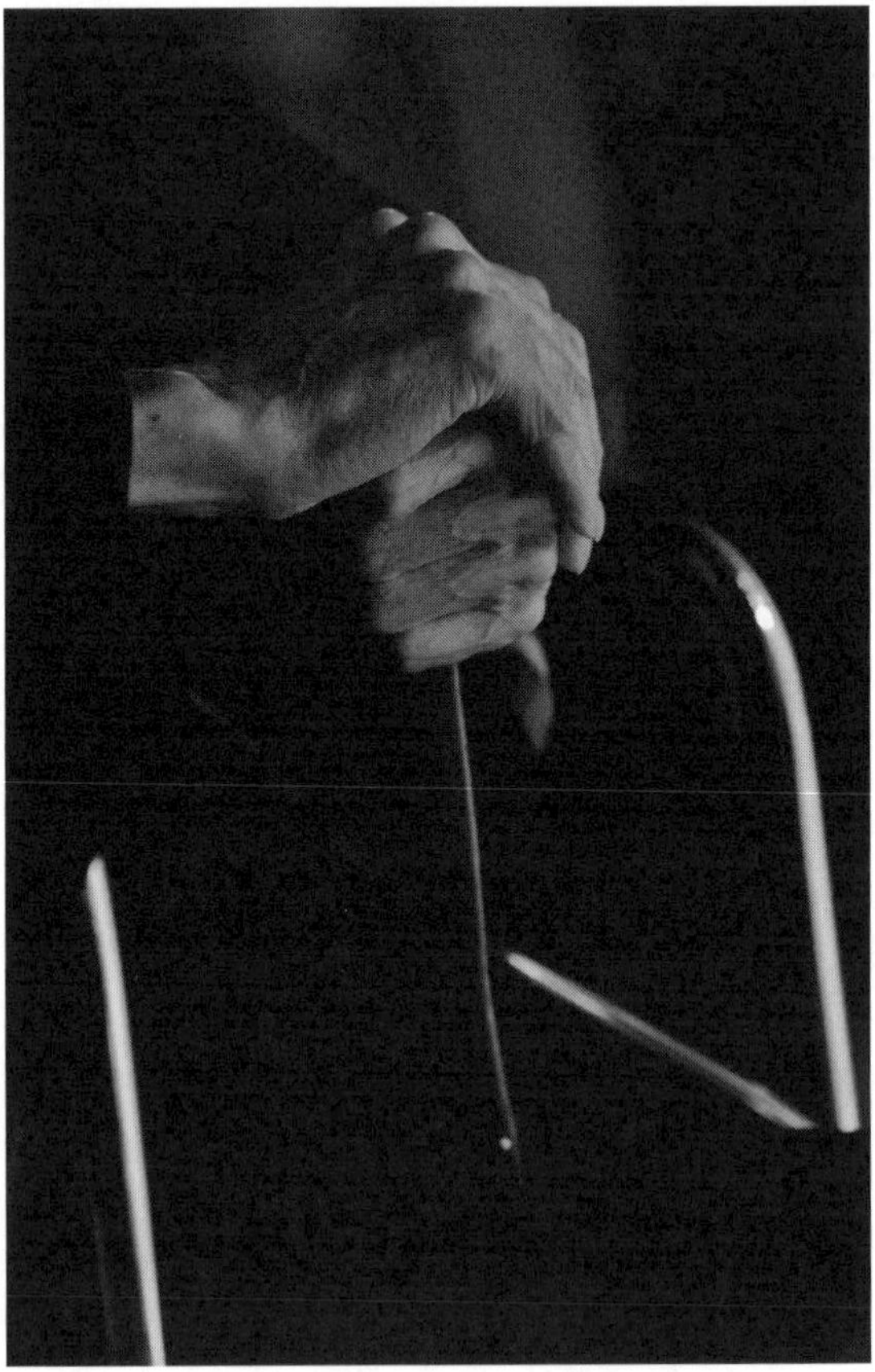

十五、新作落語の旗手たち

三遊亭白鳥
春風亭百栄
三遊亭天どん
林家きく麿
立川こしら
春風亭昇々
三遊亭粋歌
瀧川鯉八
立川吉笑

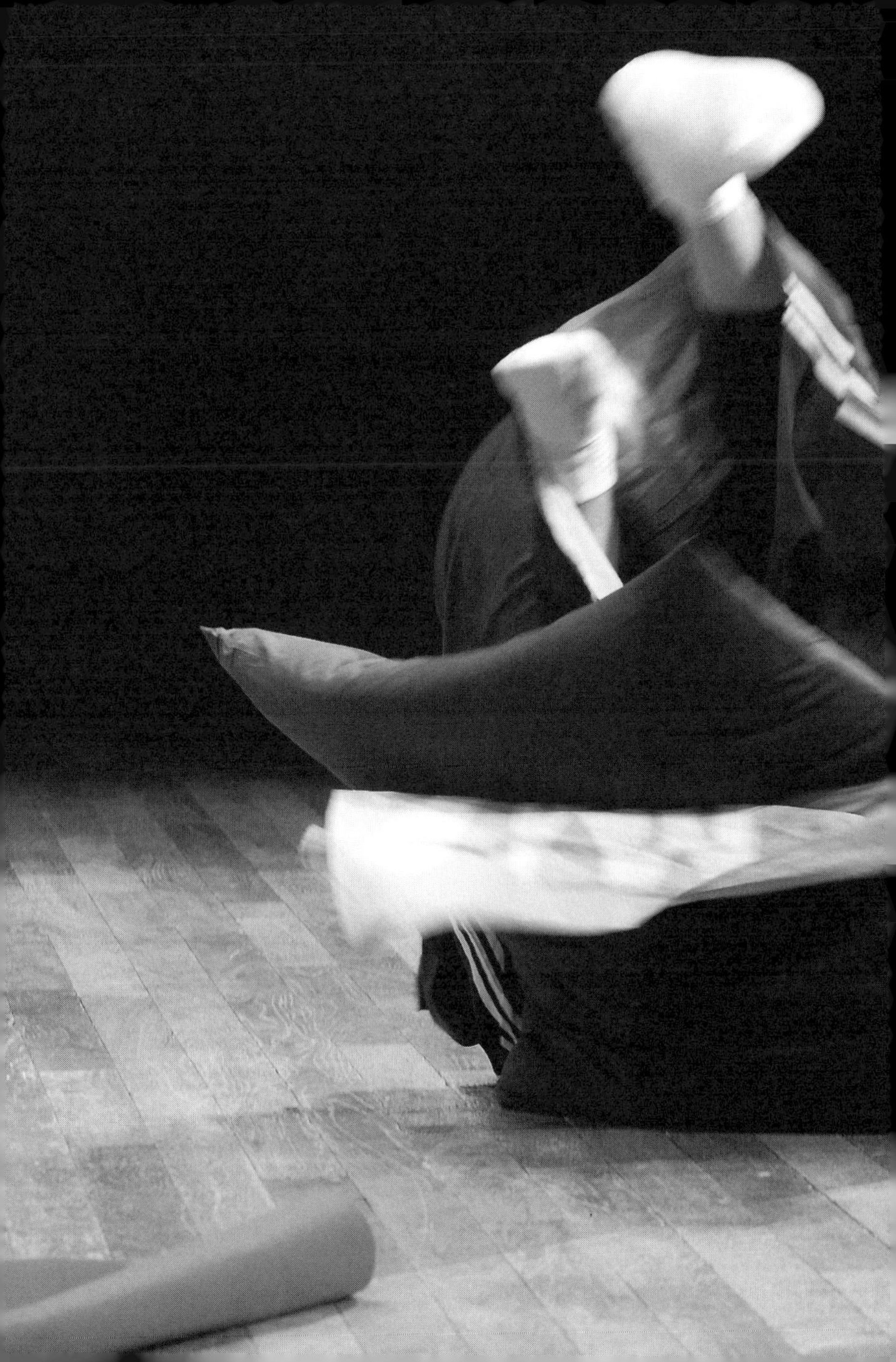

十五

落語を聴くと、少し前の自分よりも優しい心持ちになっている。

過去も現在も、きっと未来も、時代を越え人は生きる限り己の感情に振りまわされながら、なんとか折り合いをつけながら悪戦苦闘の日々を送っていく。その姿になんとも言えない親近感を覚える。

落語が描く世界は、時間も空間も超越し、ときには人間以外の主人公が躍動することさえある。特に新作落語においては、右往左往する現代人の姿に、古典落語に登場する過去の時間を生きた人びととなんら変わらない、精神の地続きなさまが見えて心地よい。

自分は、座布団、着物、扇子、手拭いという落語の領域さえ逸脱しなければ表現方法はどんな形であってもすべては落語だと思っている。もちろん、なんでもよいということではなく、演者自身でも収拾がついていない単なる思いつきや、実体験を漠然と説明するだけのものとは別物である。

新作落語のスター、三遊亭白鳥師匠の作品は、落語家だけにとどまらず浪曲師や講釈師も積極的に高座で演じるほど人気が高い。思考を蕩《とろ》かすようなカオスのなかに展開される世界観に、多くのファンが魅了されている。

立川こしら師匠、春風亭百栄師匠、三遊亭天どん師匠、林家きく麿師匠、各々独自の発想と視点の角度、深度から生み出される新作落語も、人気二ッ目さんの立川吉笑さん、春風亭昇々さん、瀧川鯉八さん、三遊亭粋歌さんが創出させる日常のなかにある疑問や葛藤を具象化した作品も、若い落語ファンを中心に圧倒的な支持を受けている。

脳科学の分野では、ひらめきと直感は違うものと聞いた。ひらめきは後から思いついた理由を言葉にできるが、直感は瞬間的に浮かぶもの。そう言えば、立川談志師匠の数々の名言のなかにも、

「直感は英智」

という言葉があった。

新作落語の旗手たちのすぐれた直感力が、常識の隙間に埋めこまれた断片に立体感を持たせ、時代を越えた人間の滑稽さと愛しさを形にする。

昔に生きた人も、未来に現れる人も、現在いる自分たちと本質はなにも変わらない。

そう思うと心がちょっぴり軽くなる。

三遊亭白鳥

春風亭百栄

三遊亭天どん

林家きく麿

立川こしら

三遊亭粋歌　　春風亭昇々

立川吉笑　　　　　　　　　　　瀧川鯉八

十六、優しさのゆくえ

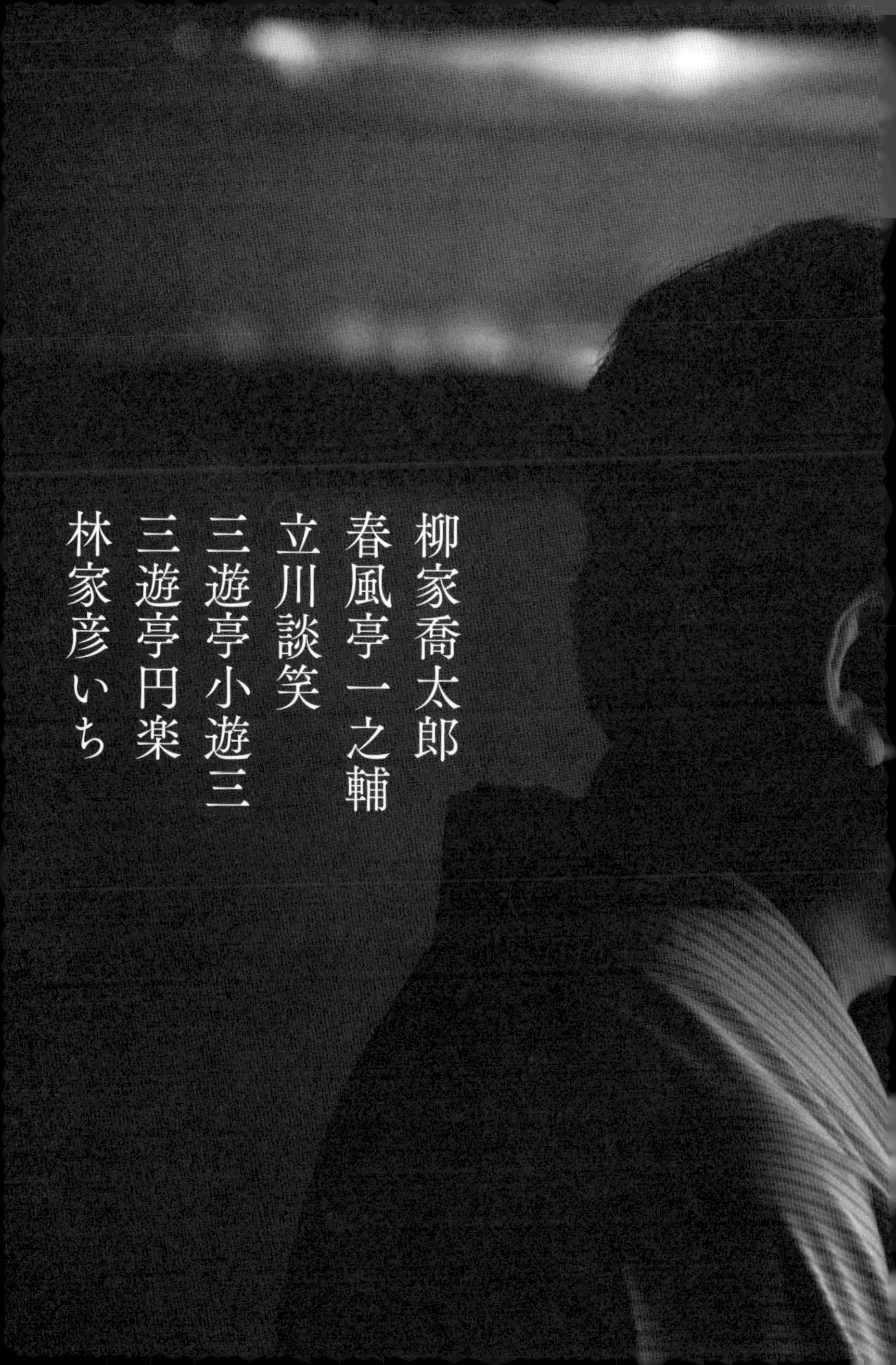
柳家喬太郎
春風亭一之輔
立川談笑
三遊亭小遊三
三遊亭円楽
林家彦いち

十六

「落語の世界には、八っつあんに熊さん、横丁のご隠居、バカで与太郎、一生懸命はムアンチャイが居りまして」

で始まる林家彦いち師匠の『掛け声指南』。日本語は苦手だが熱い心を持った純心無垢なムアンチャイが悪戦苦闘しながら頑張る姿に心温まる新作人情噺。

全編に流れる優しい笑いと同様に、彦いち師匠の存在は、心地よい温もりと安心感を与えてくれる。ちょっと見は怖面《こわもて》だが、楽屋で一緒になった後輩や仲間たちと談笑する笑顔はとてもチャーミング。

落語界における心強くて優しい兄貴的存在だ。

イメージとかけ離れているといえば、なんと言っても三遊亭小遊三師匠と三遊亭円楽師匠。お二人ともにテレビの演芸番組で打ち出すキャラクターとは真逆の気配りの人。円楽師匠は、長年にわたり東西の人気落語家を集めた「博多天神落語まつり」をプロデュースし、落語界の発展に尽力している。そして表立った活動だけではなく、日々、圓楽党のみならず流派を問わず若手へのバックアップも忘れない。ブラックどころか誰に対してもフラットなつきあいができる心優しき師匠である。若手への面倒見の良さは小遊三師匠も負けてはいない。マル暴のような迫力あふれる風貌とは対極、楽屋では演者・スタッフみなに声をかけ、冗談を言ってリラックスさせてくれる。小遊三師匠のまわりには自然と人が集まり笑顔の輪ができる。

後輩への目配りといえば、柳家喬太郎師匠と立川談笑師匠の愛情あふれるまなざしは、周囲の者を幸せにする力を持っている。

ある落語会の打ち上げの席でのこと。トリを飾った喬太郎師匠に果敢に挑んだ、柳家期待の若手たちにかけた言葉は強く印象に残っている。

「今日、自分でも手応えのある高座ができたのは、前に上がったみんながすばらしかったからだよ」

後輩たちにとって、なにものにも代えがたい生涯の財産になる言葉だ。

立川流の人気師匠である談笑師匠も一門会では、常にお弟子さんたちに声をかけ、必ず袖から高座を見守る。厳しくも愛ある師匠の元で育まれた少数精鋭の一門からは、吉笑さん、笑二さんといった逸材が活躍をしている。

そして、優しいと言えば春風亭一之輔師匠の『笠碁』。

幼馴染みでヘボ碁の碁敵の旦那が二人。

ある日、ほんの一手の指し手の待った待たないをめぐって言い争いが始まる。かたや、昔の借金を待った話を持ち出し、もう一方は一之輔師匠のオリジナルであるが、

「昔、お前が学校に残されたとき、雨のなか、ずっと帰りを待っていたのに、どうしてそっちは待てないんだ！」

と子ども時代にあったできごとで応戦する。大喧嘩に発展し、お互い絶交を言い渡し別れたものの相手のことが気になってしかたがない。我慢できずに雨のなか、笠をかぶり様子を見に行った一方の旦那を相方が見つけ、これ幸いと挑発。

「やい！　ヘボ！」

「どっちがヘボだ！」

「ヘボかヘボでないか一番来るか！」

と結局は仲直り。ふたたび対局が始まると、なぜか碁盤の上に雨の雫が落ちてくる。

「おまえさん、笠かぶったまんまだ」

一之輔師匠は、一見クールで飄々としているが高座からは人を想う気持ちが滲み出ている。

誰しも優しさのゆくえなど、本人でさえわからない。それは、みずから押し出すものではなく、ふとした瞬間にこぼれ落ちるものなのかもしれない。

一之輔師匠演じる旦那が照れくさそうに語りかける。

「あのときは、雨のなか待っててくれてありがとう」

春風亭一之輔

立川談笑

三遊亭小遊三

三遊亭円楽

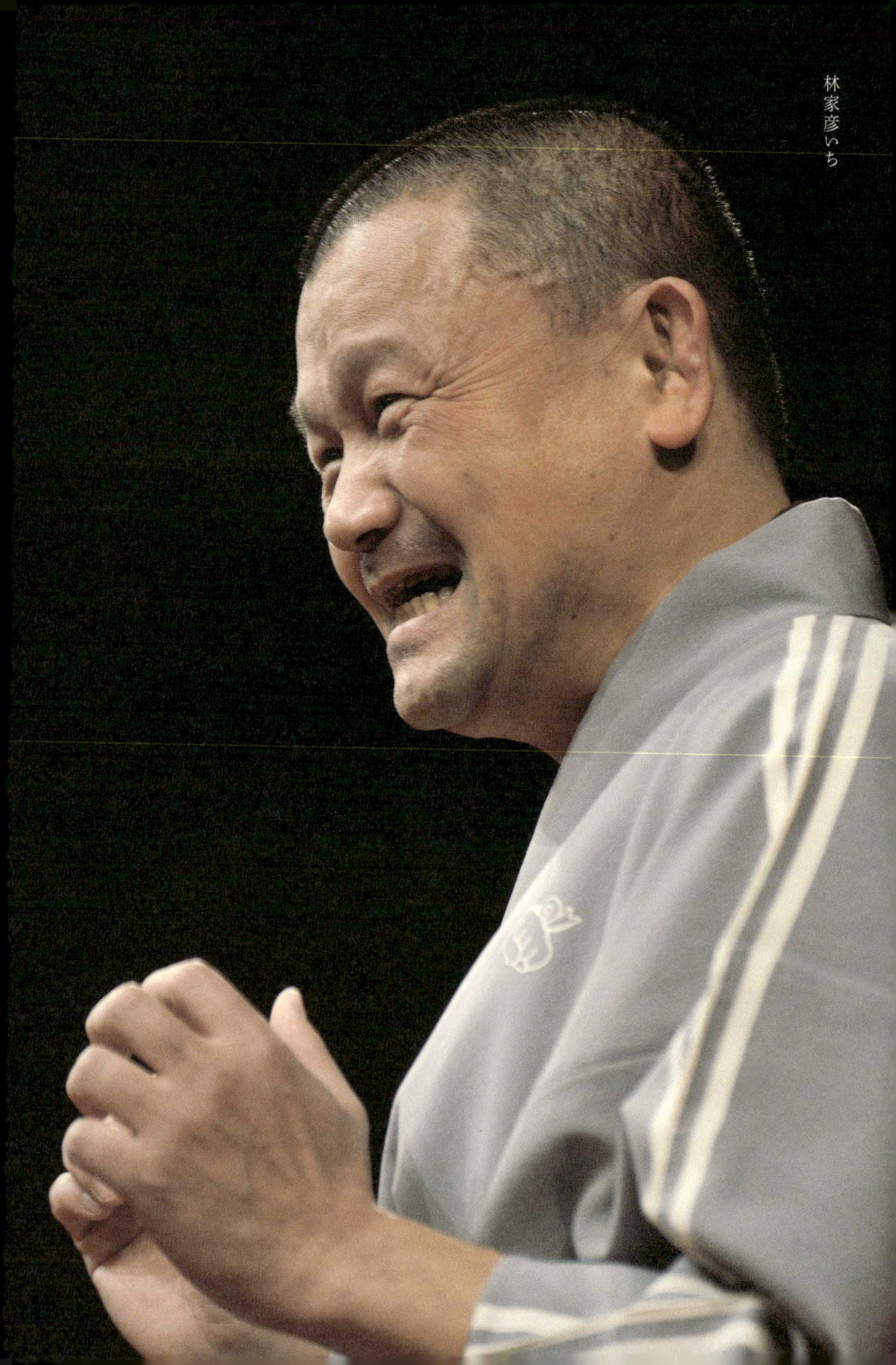

林家彦いち

柳家喬太郎

三遊亭円楽

林家彦いち

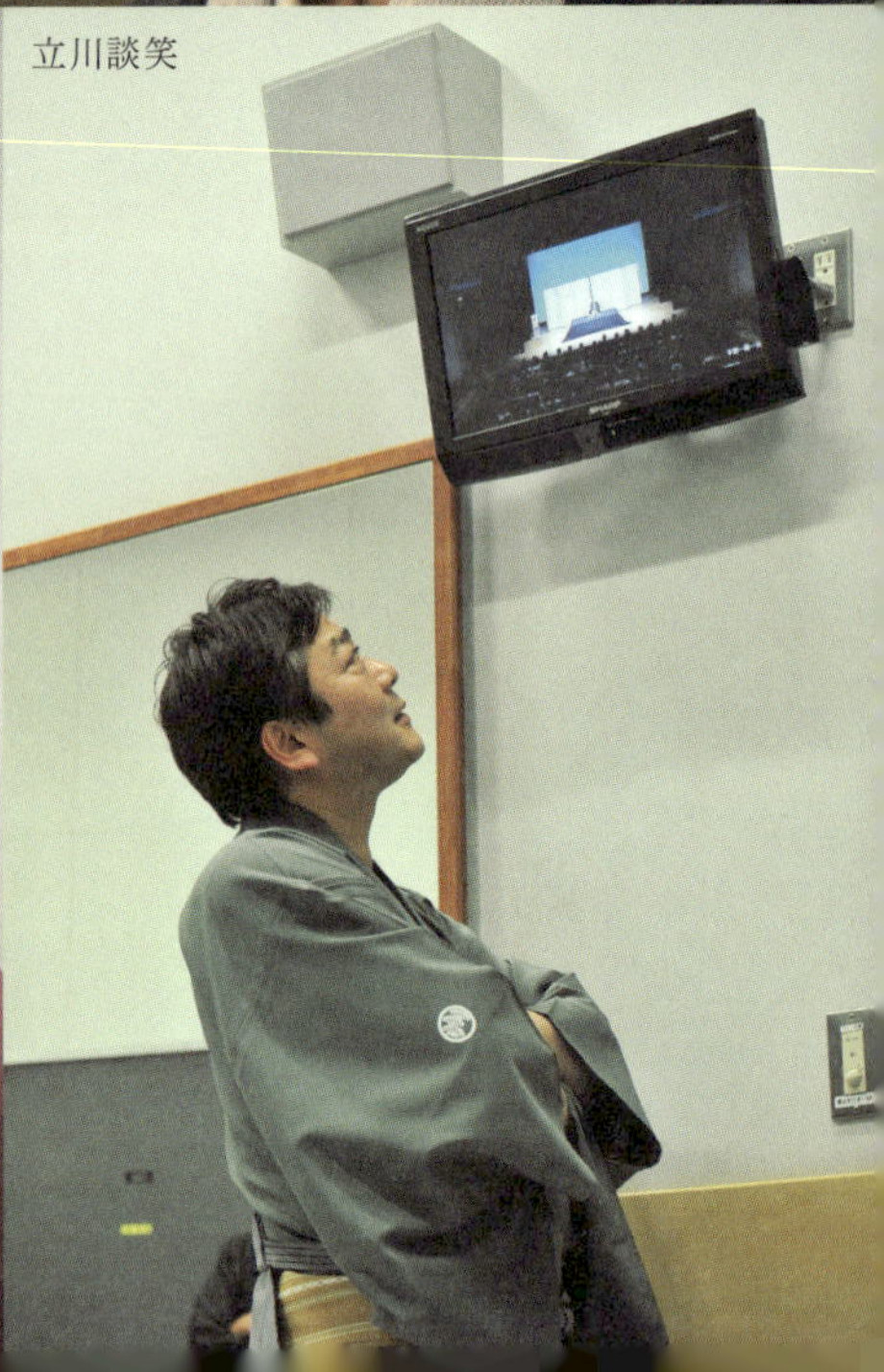

立川談笑

三遊亭小遊三

春風亭一之輔

春風亭一之輔

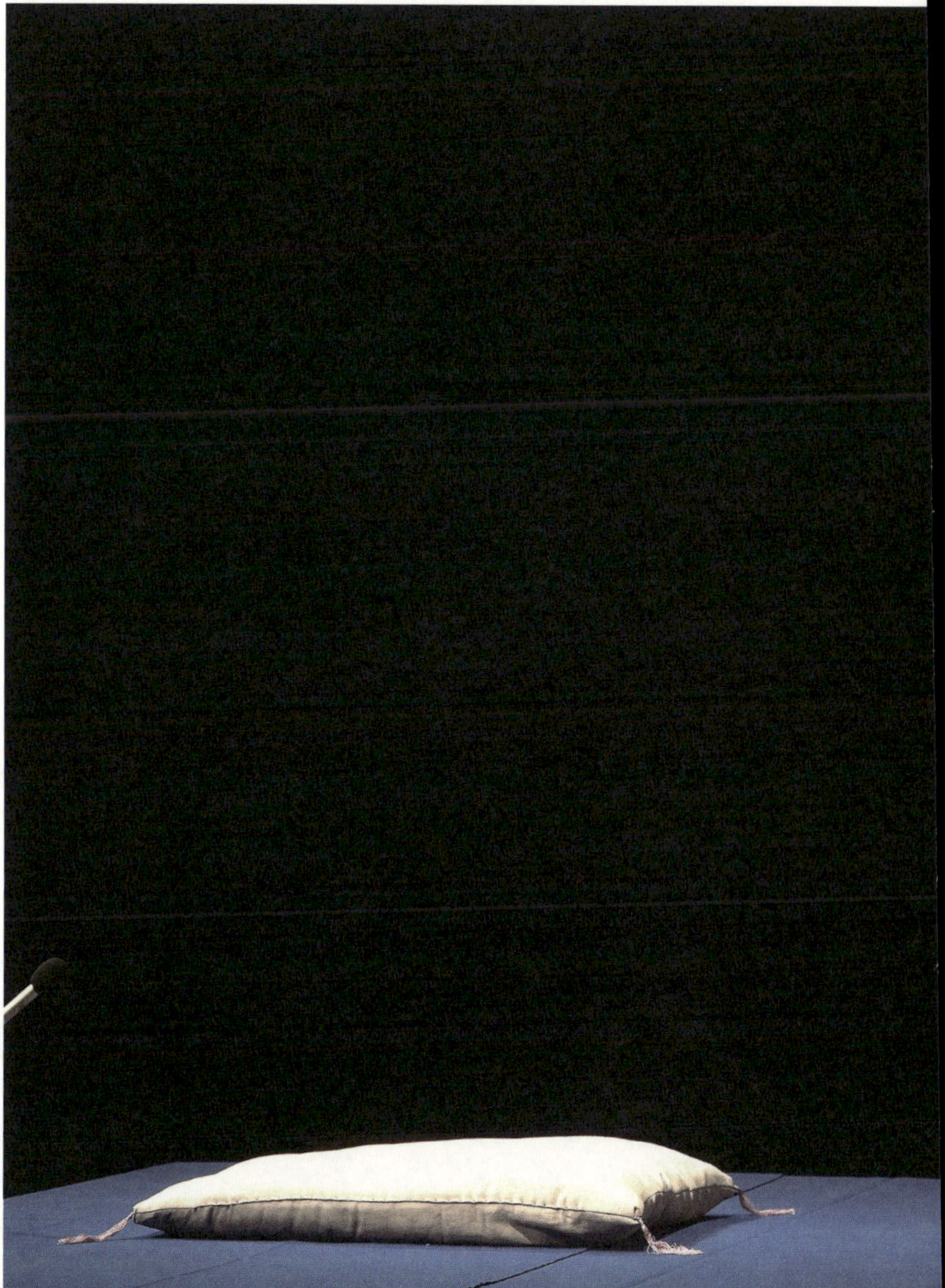

十七、存在しない〝隠れた天才〟

鏡味仙三郎
林家正楽
ボンボンブラザース
ロケット団
鏡味正二郎
東京ボーイズ
宮田陽・昇
林家二楽
三増紋之助

十七

演芸写真を撮りはじめた二十数年前とまったく変わらない、太神楽の鏡味仙三郎師匠、紙切りの林家正楽師匠をはじめ、演芸界で活躍する一流の色物芸人さんの揺るがないプロフェッショナルとしての佇まいに感動した。

プロとアマの差、それはコンディションの好不調の波を常に抱えながらも立ち止まらない姿勢とお客様から木戸銭をいただくことへの責任感の有無だ。

プロであろうが、アマであろうが承認欲求は誰にでもある。しかし、プロにあっては、趣味の発表会ではないのだから、すべてのお客さまの要求に応えることは不可能だとしても、決して自分の満足感が優先されることはない。ましてや自分自身の手応えと他者の評価が完全一致することなど宝くじに当たるかホールインワンすること以上に稀なこと、結果が求められている局面で自分のなかの悔いがあるかないかなどは問題ではなく、もっと言えばどんな仕事であっても覚悟を持って臨めば、なにかしらの悔いが残るのは当然だ。その後悔があるからこそ、生涯パーフェクトはないことがわかっていても次に向かうモチベーションが保てるのだ。

落語は、聴く芸なのであらかじめ気持ちの準備をして程よい緊張感があるが、色物さんの芸は、いい意味でリラックスする時間でもあるので、お客さまとの距離感が近く、ゆえに不測の事態が起こりやすい。

漫才の途中、前方の席のお客さまがいきなり立ち上がって退場し、会話のリズムを崩されることもあれば、紙切りでは、難しいというか、どちらかというと困らせるようなお題であっても嫌な顔ひとつ見せずに当意即妙にリクエストに応えなければならない。

一流の芸人さんは、日々高座で証明を続けている。技術を磨く手間を惜しまず、どんな状況に置かれても気持ちをコントロールできる者が本物のプロフェッショナルなのだと。

やりたいことと、できることは違う。知っているからといって実行できるわけでもない。どんな世界であっても、時間と鍛練を積み重ねることなく、いっちょかみしただけで、一夜明けたら名を馳せることなどありはしない。

この世に、行動がともなわない〝隠れた天才〟など存在しない。

鏡味仙三郎

林家正楽

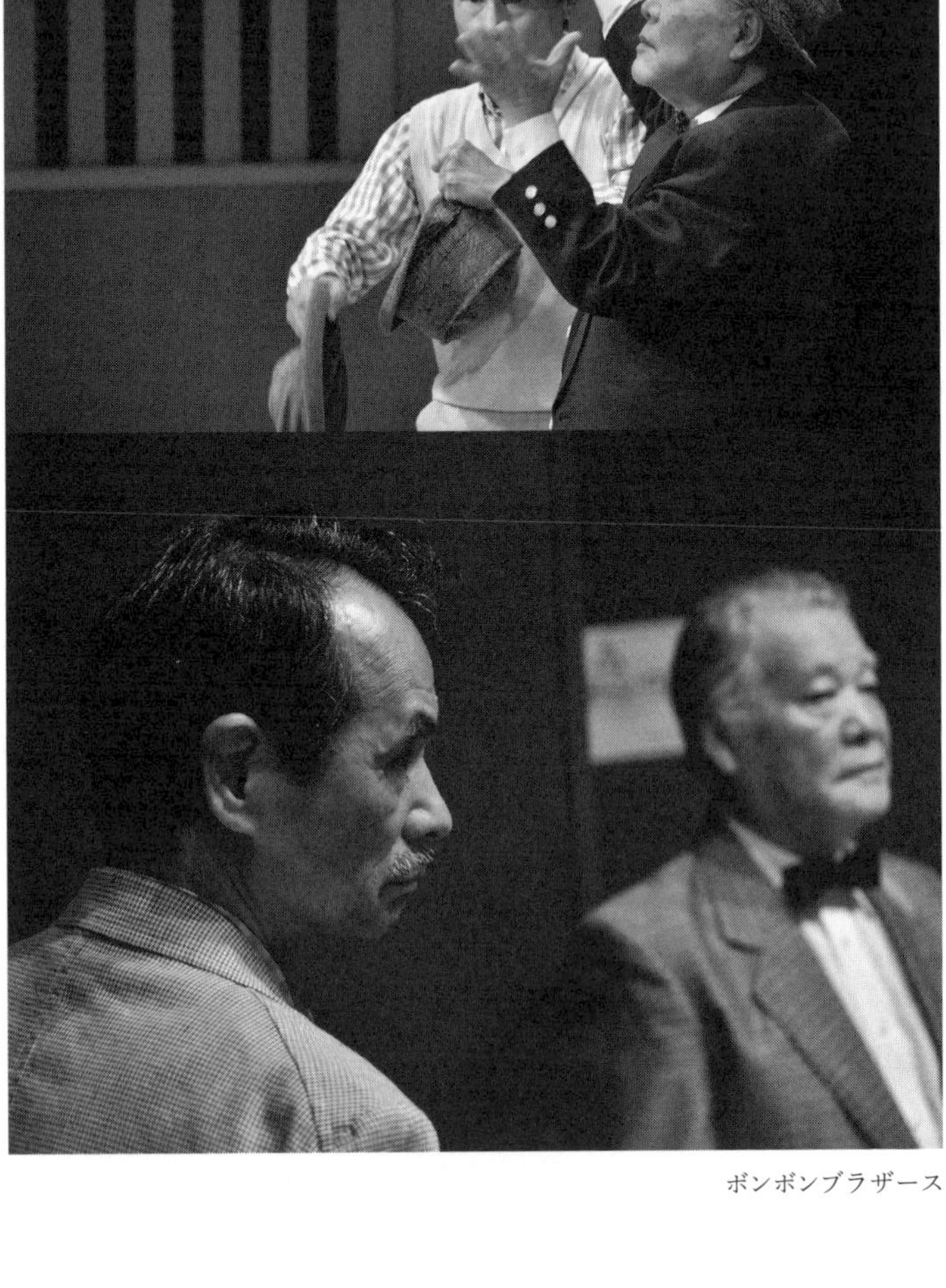

ボンボンブラザース

ロケット団

東京ボーイズ

鏡味正二郎

宮田陽・昇

三増紋之助　　　　　　　　　　　林家二楽

十八、出会いは なにかの加減

柳家小三治

十八

「なにかの加減でなっただけ、たまたま前を通りかかっただけ」

周囲から受ける賞賛ほど自分はやれていないし、なにも成し遂げてもいない、と言わんばかりに、柳家小三治師匠は自身が落語家であることも人間国宝になった経緯も飄々と語った。


時代も場所も選ぶことなく、人はなにかの加減で生まれ、なにかの加減で朽ちてゆく。文字にするとなんだか切なくなるが、哀しくも虚しくもない。

むしろ、自分の存在は己だけの力でなったのではなく、なにかの加減でならせてもらったと思えば、日々なにに惑わされているのかも、信じれば宿るものがなんであるのかも感じることができる。ましてや、当たり前に受け取ってきた一つひとつの出会いがどれほど大事であるかにも気づく。

言葉を操ることが生業の落語家である小三治師匠だが、高座を撮影していると、師匠はまだ言葉になる前の情景を見つめているように自分には感じられる。

目で見るのでも耳で聞くのでもなく、ただ心が感じたままに語る。

つまりは、生きかたや表現することに正解のマニュアルはどこにも存在せず、あるのは無意識過剰とも言うべき予測できない出会いだけなのだと。

だからこそ、落語の神さまと写真の神さまが与えてくれた、なにかの加減で小三治師匠と出会えたことが堪らなく嬉しい。

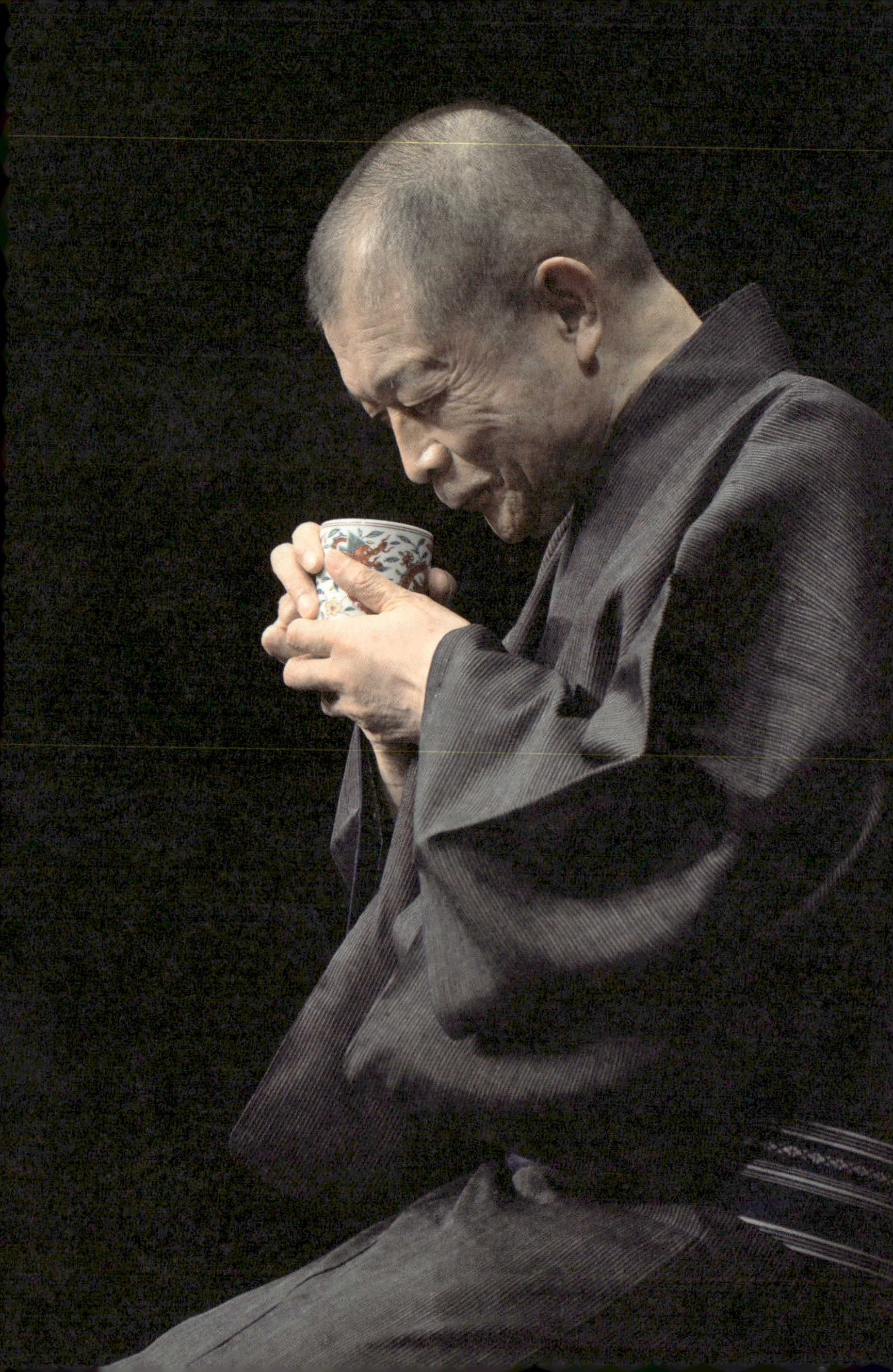

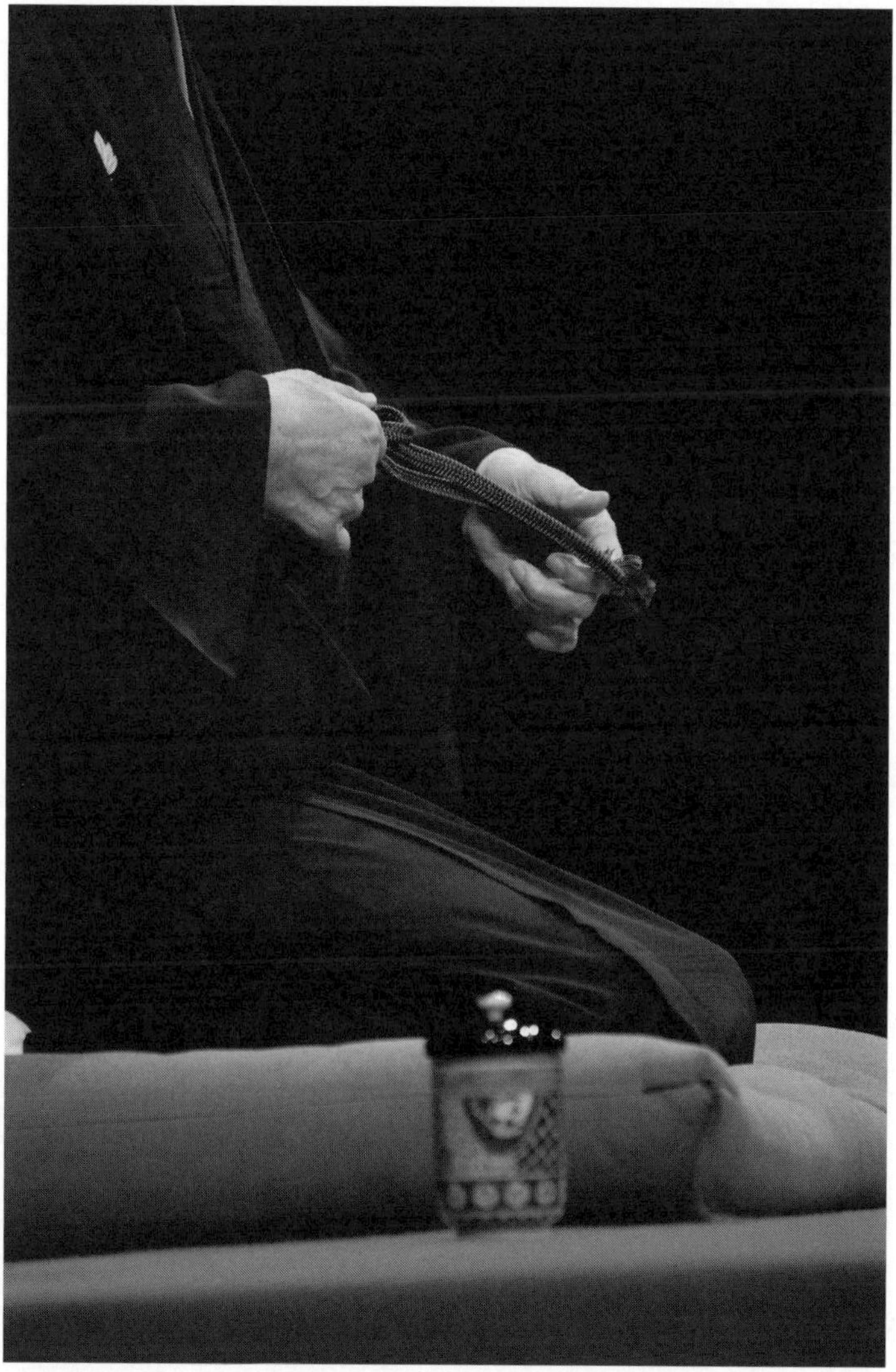

十九、あとがきという始まり

十九

もしも数年ごとに仕事を変えつづけなければならない〝自分探し〟という職業があったなら、きっと自分には務まらない。

演芸写真家になって二十数年が経ち、腑に落ちるのは、なにをするにも手間と時間をかけなければ光は見えてこないということだ。

たいした才能もないくせにプライドばかりが高いポンコツな写真家が若き日の橘蓮二だった。案の定、行き詰まり、写真家への道を諦めかけたときに出会い、救ってくれたのが落語・演芸だった。これまで撮影を通じて知り合ってきたたくさんの芸人さんや演芸に関わるみなさんに支えられ、今日まで演芸写真家として生きてくることができた。

自分は、演芸を撮りはじめた日から落語・演芸の国の片隅に住まわせてもらっている。この国にこの先少しでも長くいるためには、変わることなく演芸写真家としての仕事をまっとうしなければならない。それは、ぜひ聴いてほしい観てほしいと思う芸人さんの姿を紹介しつづけていくことだと思っている。そして、自分が撮った写真がきっかけとなって落語・演芸に興味を持ち、高座に足を運んでくれるお客さまが一人でも増えたら、演芸写真家にとってこれ以上に嬉しいことはない。

そして、あとがきを兼ねたこの一文が、今回出版した本と、大袈裟に過ぎるかもしれないが、演芸写真家・橘蓮二の存在意義を形にしていると思っている。

書籍を出版すれば、落語会をプロデュースすれば、必ず一部のお客さまからは「なんであの人が出ていないのだ。どうしてこの人が出ているのか」といったご意見をいただく。表現する者にとって作品は自分のものであると同時に、手を離れた瞬間からは受け手に委ねられることは承知も覚悟もしている。

それでも、この本に紹介している新真打や、すでに大活躍し、多くのお客さまからの支持を集めている人気の二ッ目さん、新たに前座さんから昇進した期待の新二ツ目さん、そして日々夢を持って努力を続ける前座さんたちといったこれからの落語界、演芸界を担うであろう数多くの若手芸人さんたちの姿をファインダー越しに見るたびに、自分は明るい未来の拡がりを感じることができる。

数十年後、未来の落語・演芸ファンが、
「いま、大人気の〇〇師匠もこのころはまだ若かったね」
と懐かしく語り合うだろう将来の大看板がこの本のなかにいると信じて、これからも芸人さんへの愛情と尊敬を込めて高座に向き合っていきたい。

何千年、何万年もの時を経て星の光が届くように、演芸界の新星たちは、きょうの、そして未来のお客さまの心に届けと、光を放ちつづけている。

鈴々舎馬るこ

柳家小八

柳亭こみち

桂三木助

古今亭志ん五

柳家さん若

柳家花ん謝

古今亭駒次

桂夏丸　神田蘭

柳亭小痴楽

柳亭市童

春風亭正太郎

春風亭昇也

国本はる乃

桂三度

柳家小んぶ

柳家わさび

桂宮治

三遊亭伊織

柳家小はぜ

立川談吉

春風亭昇羊

春風亭一蔵

入船亭小辰

柳家緑太

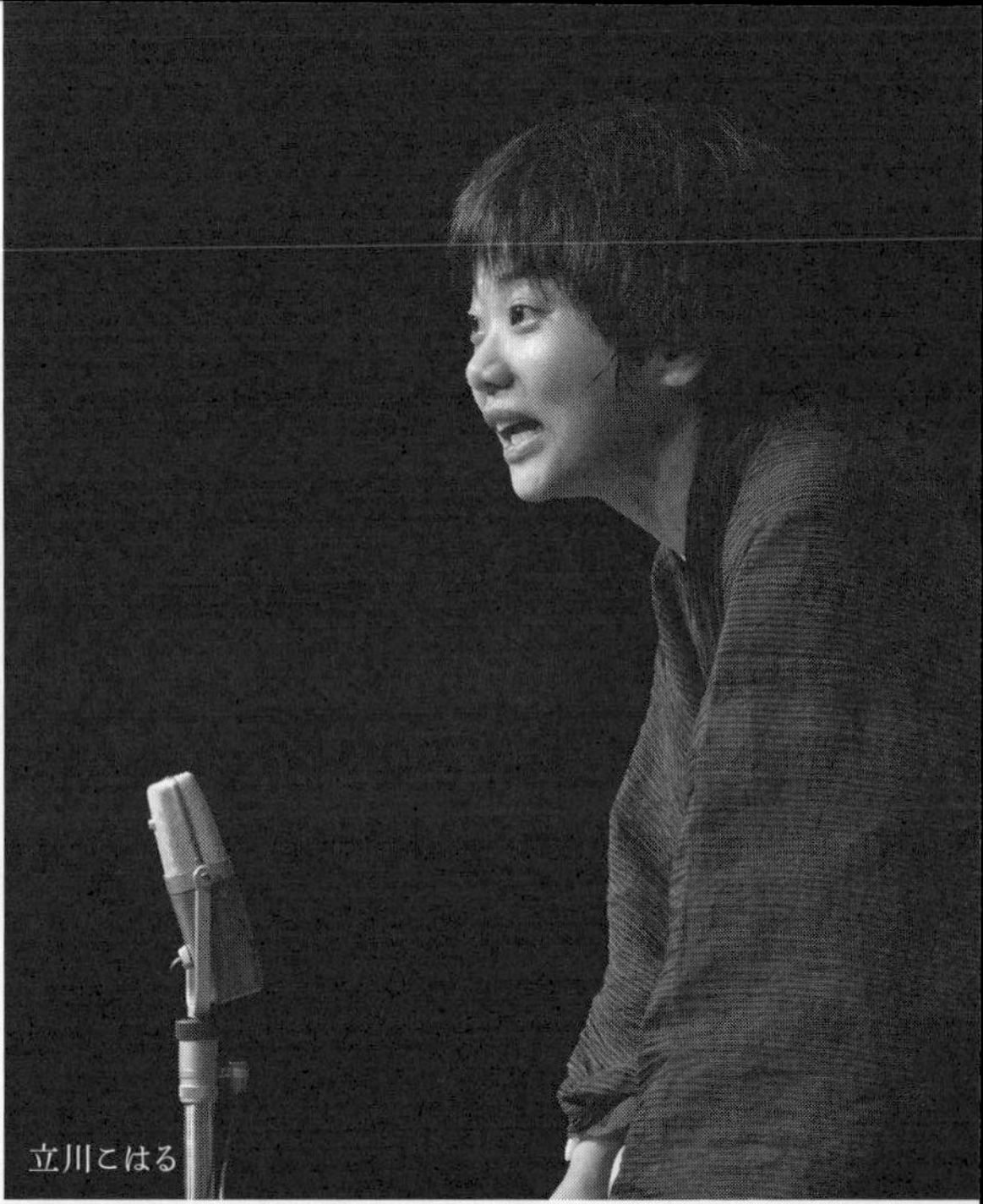

立川こはる

桂鷹治

立川笑二

桂三四郎

古今亭志ん吉

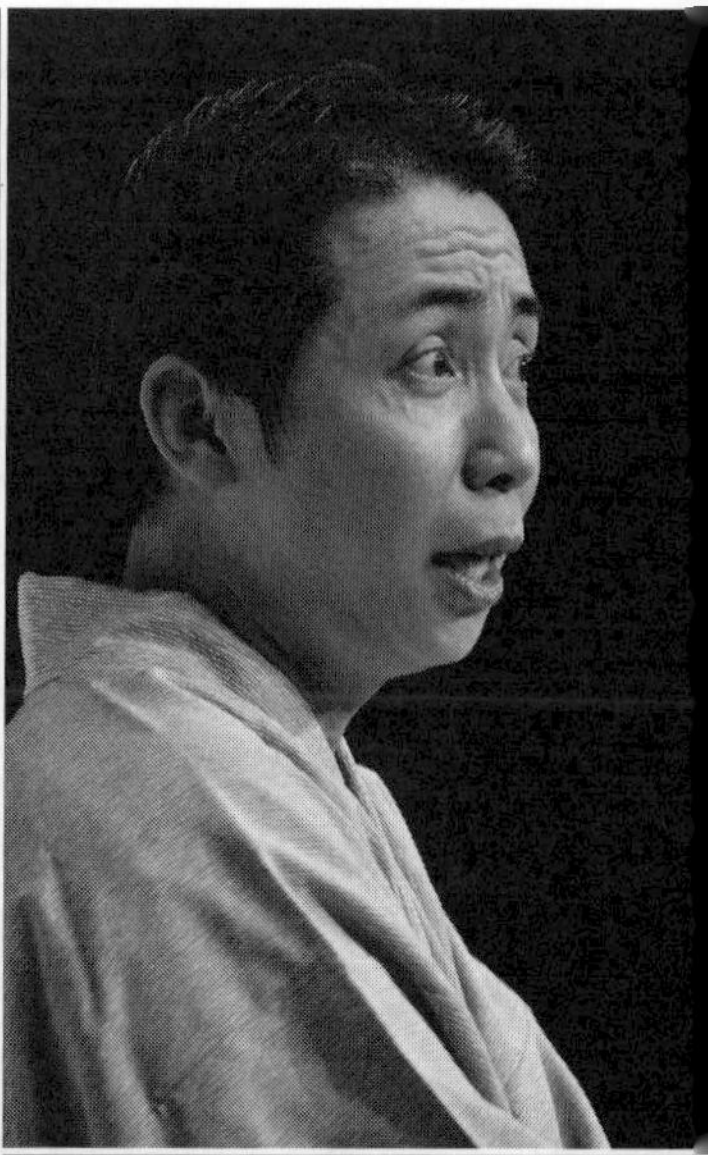

雷門音助

昔昔亭A太郎

三遊亭歌太郎

春風亭ぴっかり☆

立川寸志

柳亭市楽

柳亭市江

柳亭市弥

林家扇

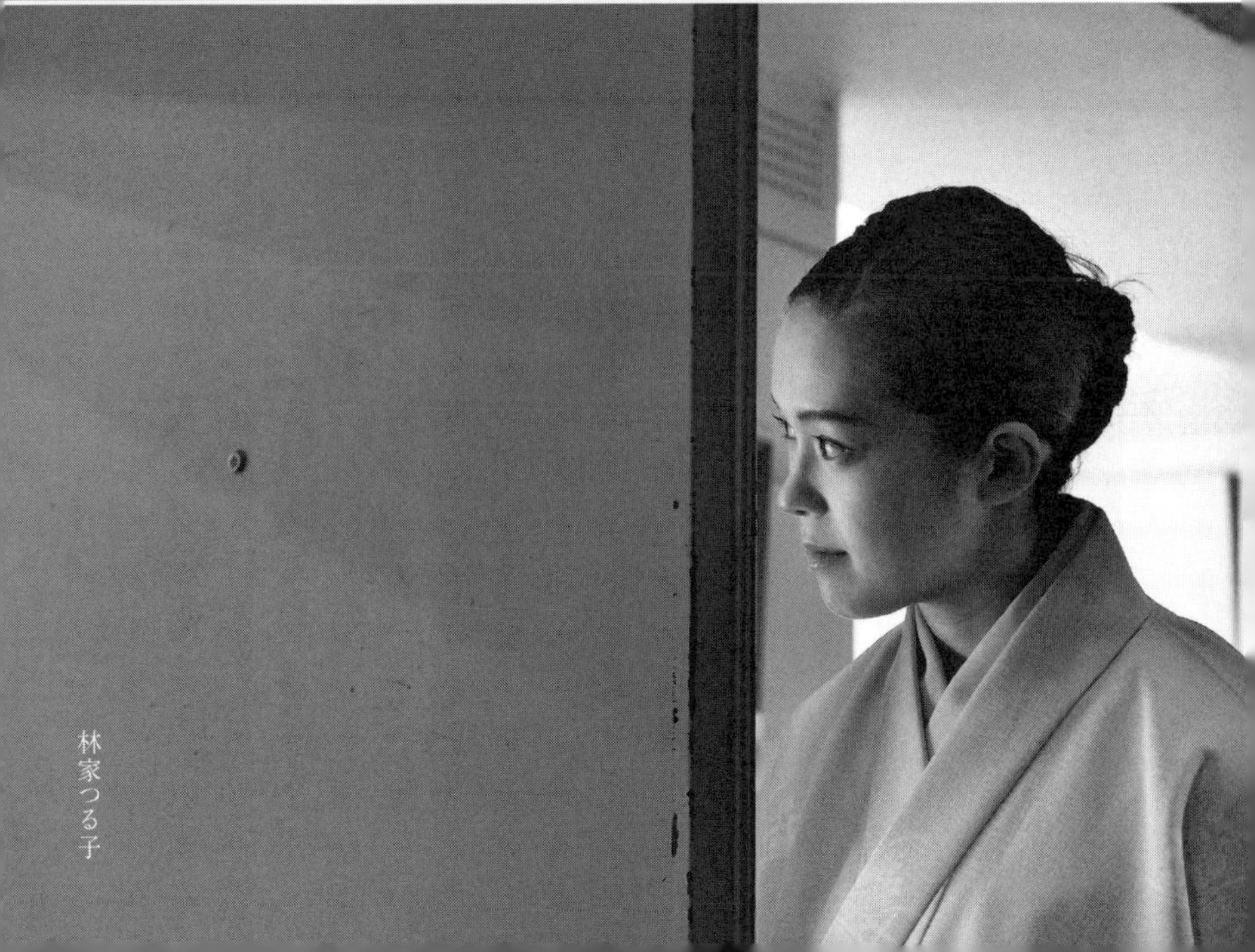

林家つる子

三遊亭楽大

三遊亭わん丈

入舟辰乃助

桃月庵こはく

柳家小もん

春風亭一花

三遊亭まん坊
橘家かな文
春風亭きいち
立川かしめ
桃月庵ひしもち
春風亭昇市

三遊亭じゃんけん
三遊亭あおもり
柳家寿伴
三遊亭ぐんま

出版にあたり講談社文芸第一出版部の横山建城さんにたいへんお世話になりました。横山さんとは二十年近く前から落語・演芸の作品をともに作ってきました。今回も丁寧で的確なサポートをしていただきました。ありがとうございました。デザインは椋本完二郎さんに担当していただきました。雑誌の仕事では以前からご一緒していましたが、この本で初めて装丁をお願いしました。自分の作品のなかでも今までにない本になりました。ありがとうございました。最後になりましたが、いつでも快く撮影に応じていただいた師匠方と芸人のみなさん、演芸関係者のみなさん、そしてこの本を手に取ってくださった読者のみなさんに心より御礼申しあげます。

平成三十年三月吉日

橘蓮二

Special Thanks

◆一般社団法人　落語協会
◆公益社団法人　落語芸術協会
◆上方落語協会
◆落語立川流
◆五代目圓楽一門会
◆講談協会
◆日本講談協会
◆日本浪曲協会
◆浪曲親友協会
◆上野鈴本演芸場
◆新宿末廣亭
◆浅草演芸ホール
◆池袋演芸場
◆横浜にぎわい座
◆国立演芸場
◆観世能楽堂
◆株式会社　オフィス532
◆有限会社　談志役場
◆株式会社　シノフィス
◆有限会社　ティルト

◆株式会社　よしもとクリエイティブ・エージェンシー
◆オフィスまめかな
◆オフィスぷくぷく
◆立川談笑事務所
◆だんしろう商店
◆株式会社　柳亭市馬事務所オフィスエムズ
◆株式会社　オフィス・トゥー・ワン
◆株式会社　クリエイティブワンズ
◆株式会社　夢空間
◆株式会社　影向舎
◆株式会社　デンナーシステムズ
◆株式会社　まさし
◆いたちや
◆有限会社　大有企画
◆有限会社　アスターミュージック
◆ショーキャンプ有限会社
◆株式会社　いがぐみ
◆らくごカフェ
◆有限会社　ユーロスペース
◆東京かわら版

◆紀伊國屋ホール
◆株式会社　グレースコーポレーション・ジャパン
◆落語王
◆株式会社　ラルテ
◆有限会社　ごらく茶屋
◆アクティオ株式会社
◆成城ホール
◆三鷹市芸術センター
◆株式会社　パルコ
◆株式会社　ダニーローズ
◆三越劇場
◆株式会社　米朝事務所
◆渦産業・木村万里
◆ぴあ株式会社
◆来福レーベル
◆株式会社　ナショナル・フォート
◆いわき芸術文化交流館アリオス
◆珈琲　天国
◆木馬亭

アシスタントフォトグラファー
山下小蓮二

本日《ほんじつ》の高座《こうざ》

演芸写真家《えんげいしゃしんか》が見《み》つめる現在《げんざい》と未来《みらい》

2018年5月7日　第1刷発行

著者　　橘《たちばな》　蓮二《れんじ》

発行者　　渡瀬昌彦

発行所　　株式会社 講談社
〒112-8001
東京都文京区音羽2-12-21
電話　出版　03(5395)3504
　　　販売　03(5395)5817
　　　業務　03(5395)3615

印刷所　　慶昌堂印刷株式会社

製本所　　大口製本印刷株式会社

造本・装幀　　椋本完二郎

N.D.C.779　254p　19cm
ISBN978-4-06-511993-8